In piazza

Unterrichtswerk für Italienisch

Arbeitsheft 2

C.C. Buchner

In piazza
Unterrichtswerk für Italienisch
Herausgegeben von Sonja Schmiel und Norbert Stöckle

Arbeitsheft 2
Erarbeitet von Margherita Balcet, Julia Gerlach, Ursula Hoffmann, Ingrid Ickler,
Cosimina Kehl, Gabriele Kroes, Sonja Schmiel, Frank Schöpp, Norbert Stöckle und
Stefan Witzmann

Im Lernmittel wird in Form von Symbolen auf eine CD verwiesen; diese enthält ausschließlich optionale Unterrichtsmaterialien. Die CD unterliegt nicht dem staatlichen Zulassungsverfahren.

Bildnachweis
Cassandra Coccius, Bamberg – S. 38; dpa Picture-Alliance / ANSA, Frankfurt – S. 57; dpa Picture-Alliance / ANSA, Giuseppe Giglia – S. 57; dpa Picture-Alliance / ANSA, Percossi – S. 68; dpa Picture-Alliance / ANSA, Claudio Peri – S. 35; dpa Picture-Alliance / Courtesy United Colors of Benetton – S. 40; dpa Picture-Alliance / Imaginechina, Xie Zhengyi – S. 45; dpa Picture-Alliance / LaPresse Napolitano – S. 57; Dorothee Fenner-Leeb, München – S. 17, 57 (2); iStockphoto / Hedda Gjerpen – S. 56; Eugen Kamenar, Bamberg – Einband, 4 (4), 7; LORENZO 1994 / Mercury, Universal Music – S. 32; Punto Trentino Tourismus, München – S. 12; Thinkstock / Digital Vision – S. 6, 38, 46, 47; Thinkstock / Hemera – S. 6, 22; Thinkstock / Ingram Publishing – S. 38; Thinkstock / iStockphoto – S. 6 (4), 8, 9, 14, 31, 37, 38 (5), 46, 47 (3), 73; Thinkstock / Jupiterimages – S. 47; Thinkstock / Photodisc – S. 38; Thinkstock / Purestock – S. 28; www.wikimedia.org / Martin Kraft – S. 64.

Dieses Werk folgt der reformierten Rechtschreibung und Zeichensetzung. Ausnahmen bilden Texte, bei denen künstlerische, philologische oder lizenzrechtliche Gründe einer Änderung entgegenstehen.

1. Auflage, 2. Druck 2018
Die letzte Zahl bedeutet das Jahr dieses Druckes.
Alle Drucke dieser Auflage sind, weil untereinander unverändert, nebeneinander benutzbar.

© 2014 C.C.Buchner Verlag Bamberg
Das Werk und seine Teile sind urheberrechtlich geschützt. Jede Nutzung in anderen als den gesetzlich zugelassenen Fällen bedarf der vorherigen schriftlichen Einwilligung des Verlages. Das gilt insbesondere auch für Vervielfältigungen, Übersetzungen und Mikroverfilmungen.
Hinweis zu § 52a UrhG: Weder das Werk noch seine Teile dürfen ohne eine solche Einwilligung eingescannt und in ein Netzwerk gestellt werden. Dies gilt auch für Intranets von Schulen und sonstigen Bildungseinrichtungen.

Gestaltung: Wildner + Designer GmbH, Fürth
Umschlag: Artbox Grafik & Satz GmbH, Bremen
Illustrationen: Kirill Chudinskiy, Köln
Druck und Bindearbeiten: Friedrich Pustet, Regensburg

www.ccbuchner.de

ISBN 978-3-7661-**4975**-6

Sport e turismo

T1 L'Italia – una vacanza per tutti i gusti

E1 Le Dolomiti ieri e oggi

Completate il testo mettendo le forme giuste dei verbi (presente – passato prossimo – imperfetto – trapassato).

Lo sapevi

– che la storia delle Dolomiti .... (iniziare) 250 milioni anni fa, quando i dinosauri .... (dominare) il Mar Tethys?

– che le Dolomiti .... (essere date) la loro forma attuale circa 12.000 anni fa?

– che il 26 giugno 2009 le Dolomiti .... (essere dichiarate) patrimonio mondiale dell'UNESCO?

– che Dolomiti Superski con un totale di 1.220 km di piste e 460 impianti di risalita .... (essere) la più grande area sciistica del mondo?

– che ancora oggi a Bolzano a Castel Roncolo .... (trovarsi) il ciclo di affreschi profani più antico d'Europa?

– che nell'anno 1385 i fratelli Niklaus e Franz Vintler .... (ristrutturare) Castel Roncolo dopo che l' .... (comprare)?

– che nell'anno 1411 Hans Vintler, un nipote di Niklaus, ... (diventare) famoso dopo che .... (tradurre) gli ultimi 10.000 versi del poema "Fiori di Virtù"?

E2 Agriturismo: Ricetta della "Salsa verde"

Mettete le forme giuste dell'imperativo in base alle persone (a, b o c).

Un contadino spiega la preparazione della famosa "salsa verde" a. a suo figlio / b. a un ospite tedesco / c. a un gruppo di viaggiatori durante un corso di cucina.

– tritare[1] i capperi[2] (oppure peperoni), un'acciuga[3], poca cipolla, pochissimo aglio
– tagliare tutto in pezzi fini
– mettere tutto su un piatto
– aggiungere una buona dose di prezzemolo[4]
– tritare qualche foglia di basilico[5]
– sciogliere il tutto con olio e limone finché diventa una salsa
– versare la salsa sulla carne / sul pesce / sulle uova

La salsa verde va bene o col pollo, col pesce freddo o con le uova sode[6].

[1] tritare: *schneiden*; [2] i capperi: *Kapern*; [3] l'acciuga: *Sardelle*; [4] il prezzemolo: *Petersilie*; [5] il basilico: *Basilikum*; [6] l'uovo sodo: *hartgekochtes Ei*

tre 3

E3 Un soggiorno all'agriturismo sarà veramente fantastico!
Metti le forme giuste del futuro. G → 9.1

1. L'ambiente .... a misura dell'uomo. (essere)
2. L'uomo non .... più lo stress di una vita in città. (sentire)
3. .... tante immagini che gli .... in mente. (avere/restare)
4. .... ben volentieri della cordialità da parte degli agricoltori. (ricordarsi)
5. Niente gli .... fastidio. (dare)
6. Non .... il rischio di trovare solo strade asfaltate. (correre)
7. Il soggiorno .... più rilassante di un soggiorno al mare. (essere)
8. .... più tempo per se stesso. (avere)
9. .... solo prodotti sani. (mangiare)
10. .... la bellezza di una vita semplice. (godersi)

E4 E tu che ne pensi?
Scegliete quattro delle affermazioni qui sopra e commentate se siete d'accordo o no. Motivate la vostra opinione. G → 9.1

Modello: Sì, è vero, un soggiorno all'agriturismo sarà più rilassante di un soggiorno al mare perché le spiagge sono spesso piene di gente.

E5 Come saranno questi posti?
1. Secondo te, come saranno questi posti? G → 9.1.4

Modello: Le spiagge di Bibione saranno bellissime per fare il bagno.

Bolzano

Siena

Venezia

Capri

2. Discutete con il vostro vicino quale posto vi piace di più e perché.

Modello: Preferisco la montagna alla spiaggia perché in montagna l'aria è più
fresca.

E6 *Dove andreste e perché?/Dove vorreste andare?*

Guardate la cartina d'Europa all'inizio del libro **In piazza**, *scegliete dieci dei paesi
europei e spiegate perché ci andreste e che cosa vorreste farci concentrandovi sulle
caratteristiche e particolarità dei paesi scelti. Usate il condizionale.*

Modello: Andrei molto volentieri in Italia perché mi piacerebbe visitare Venezia,
una città lagunare.

E7 *Che bel tempo ...*

*Scegliete da queste parole per completare le frasi seguenti (mehrfache Verwendung
möglich):*

> il sole – la pioggia – piovere – la neve – il tempo – nevicare – fare caldo – fare
> freddo – fare brutto/bel tempo – il vento – le nuvole – il ghiaccio/rompere il
> ghiaccio

1. In tutto il mondo si parla del .... per ....
.... all'inizio di una conversazione.

2. Allora è utile conoscere le previsioni del ....

3. Quando .... nessuno esce molto volentieri, ma se
.... tutti vanno subito fuori per fare una passeggiata.

4. Se fa molto .... fanno pure il bagno.

5. Le .... portano .... e il cielo diventa grigio.

6. Ai piccoli, però piace anche se .... – giocano con
l'acqua delle pozzanghere.[1]

7. A chi va in barca a vela piace pure un .... forte per
poter andare più veloce.

8. In inverno tanti italiani vanno in montagna per farsi "una settimana bianca"
sotto la ....

9. Chi fa lo sci ha bisogno di tanta ...., ma deve portare
occhiali gialli se c'è .... per poter vedere dove va.

10. Se .... troppo forte però c'è pericolo di frane[2] e sciare
diventa pericoloso.

11. Se .... le città diventano silenziose perché i cristalli della
.... servono come filtro.

[1] la pozzanghera: *Pfütze;* [2] la frana: *Lawine*

cinque **5**

Lezione 9

T2 Andare in vacanza: ma con chi?

E1 *Quanto costa una settimana …?*

Rispondete alla domanda usando la forma del futuro anteriore dei verbi **pagare – avere bisogno di – spendere.** **G** → 9.2

1. al campeggio?

2. in un albergo quattro stelle?

3. in un ostello per la gioventù?

4. in un agriturismo?

5. in bici?

6. in crociera?

| 1.000 euro | 200 euro | 300 euro | 400 euro | 500 euro | 600 euro |

Modello: Dopo una settimana in agriturismo avremo speso solo 200 euro.
Dopo una settimana in crociera invece avremo pagato … .

E2 *Dove andare?*

Adesso scegli una meta concreta, informati sui prezzi e spiega al tuo compagno come organizzare una vacanza del genere.

E3 *Vi piacerebbe una vacanza del genere?*

Discutete con il vostro partner perché vi piacerebbe fare questo tipo di vacanza. Motivate la vostra scelta e paragonate le diverse attività.

in comitiva[1]   corso di lingua   sportiva   WWF

A: "Mi piacerebbe fare un corso di italiano a Roma durante le vacanze estive perché …"

B: "Che noia, un corso di lingua non fa per me perché a me non piacciono …"

C: "Perché non fare …

---

[1] il viaggio in comitiva: *Gruppenreise*

sei

E4 Come saranno diverse le vacanze!

Fate delle ipotesi usando le forme giuste del futuro. G → 9.1
Ecco alcuni verbi:

andare – visitare – dormire – ballare – comprare – ascoltare – discutere – fare escursioni – vedere – mangiare – accompagnare – leggere

con i genitori	con gli amici
Modello: Quando vado con i miei ci alzeremo presto la mattina. Faremo delle gite in montagna ogni giorno … *Continua.*	*Modello:* Quando vado con gli amici faremo le ore piccole, non mangeremo quasi niente … *Continua.*

E5 Che noia! Il turismo di massa

Fate delle ipotesi su questo tipo di turismo e mettete le forme giuste del futuro. G → 9.1

1. Non si .... (trovare) un attimo di pace per raccogliere la magia del posto.

2. Dappertutto qualcuno .... (scattare) una foto con il flash.

3. Un tuo vicino .... (litigare) con la moglie.

4. Gli altri non *si interesseranno* (interessarsi) ai templi greci.

5. La notte gli altri .... (fare) chiasso e (tu) non .... (riuscire) a dormire.

6. Nessuno .... (ascoltare) la guida.

7. In momenti sbagliati .... (squillare) il telefonino di qualcuno.

8. .... (essere/tu) sempre circondato/a da altri 20 turisti.

9. .... (dovere/tu) correre al prossimo appuntamento.

10. Non .... (restare/tu) mai a lungo in un posto che ti piace molto.

Lezione 9

E6 *L'Italia in 10 giorni (itinerario) – l'uso dell'imperativo*

Informatevi sulle attrazioni più importanti del "Belpaese" e proponete un viaggio attraverso l'Italia a un gruppo di turisti internazionali.
*Che cosa gli dite di fare? Guardate bene la mappa d'Italia nel libro **In piazza** e proponete un percorso. Usate l'imperativo dei verbi seguenti. Aggiungete i pronomi dove necessario.*

> andare – comprare – entrare – evitare – fare – farsi – godere – godersi – guardare – pagare – prendere – salire – scendere – visitare

Modello: Visitate l'Etna perché è un vulcano impressionante. Visitatelo prima di tornare a casa.

1. ....
2. ....
3. ....
4. ....
5. ....
6. ....
7. ....
8. ....
9. ....
10. ....

E7 *E chi me lo dice? Informazioni su un viaggio in Sardegna.*

Auf einer Rundreise durch Sardinien stellt die Reisegruppe einige Fragen an den italienischen Reiseleiter.

Die Reisenden möchten wissen,

1. wie das Wetter wird.
2. wie die Straßenverhältnisse auf Sardinien sein werden.
3. welche Unterkünfte es geben wird.
4. ob es unterwegs Verpflegung (= un pranzo al sacco) geben wird.
5. ob es Informationsmaterial geben wird.
6. ob Pausen vorgesehen sind.
7. wann abends mit der Ankunft gerechnet werden kann.
8. welche Ausgehmöglichkeit es vor Ort geben wird.
9. ob auch andere deutsche Gruppen in der Jugendherberge wohnen.
10. ob man sich Bettzeug ausleihen kann.
11. ob die Handtücher im Preis inbegriffen sind.

Zum Glück haben die Reisenden an ein Wörterbuch gedacht, so dass sie einige Begriffe nachschlagen können!

8 .... *otto*

T3 Gli italiani – un popolo di sportivi?

E1 *Come si svolge una lezione di Zumba?*

2 – 3

1. Ascoltate il testo e scegliete la soluzione giusta.

1. Zumba è un modo di	2. Per fare Zumba ci vuole
a. bruciare calorie. b. imparare a ballare. c. imparare techniche precise di ballo.	a. pazienza. b. coraggio. c. poco.
3. I corsi di Zumba sono fatti per	4. Si può fare Zumba
a. motivarvi. b. imbarazzarvi. c. mettervi in difficoltà.	a. al mare. b. in palestra. c. in piscina.
5. Si fa Zumba a suon di musica	6. Una lezione di Zumba dura
a. classica. b. lenta. c. frizzante.	a. 5 – 10 minuti. b. 20 – 30 minuti. c. 40 – 45 minuti.
7. Una lezione di Zumba consiste in	8. Nella parte attiva della lezione i passi sono
a. una parte. b. due parti. c. tre parti.	a. lenti. b. veloci. c. sostenuti.
9. Nella fase attiva si ballano pezzi di musica	10. Molte volte i corsi cominciano verso
a. italiana. b. internazionale. c. tedesca.	a. gennaio. b. agosto. c. ottobre.

2. Discutete perché vi piacerebbe/non vi piacerebbe fare Zumba per allenarvi.

3. Perché, secondo voi, le persone qui sotto sembrano molto allegre quando fanno Zumba?

Lezione 9

E2 *"Che cosa fare ...?"*

Was sagst du wenn...

1. du im offenen Meer schwimmen willst?
2. dein Freund/deine Freundin den Helm nicht aufsetzen möchte?
3. du deinem Freund/deiner Freundin vorschlagen willst,
   a. eine Vespa oder ein Tretboot zu mieten?
   b. schwimmen zu gehen?
   c. Beachtennis am Strand zu spielen?
   d. auch baden/ins Wasser zu gehen?
4. du wissen willst, wo man sich umziehen kann?
5. dein Freund/deine Freundin langsamer fahren soll?
6. du keine Lust mehr hast, Fahrrad zu fahren?
7. du das Fitness-Center dem Jogging vorziehst?

E3 *Una chiacchierata tra amiche ...*

Mettete il pronome relativo giusto e aggiungete una preposizione dove necessario.
(preposizione + che / cui) **G** → 9.3

1. – Questa è una fiaba .... racconto sempre ben volentieri.

   – Di che cosa tratta?

   – Tratta di una ragazza .... vuole essere principessa.

2. – Con chi vorresti passare le tue vacanze?

   – Con qualsiasi persona .... mi pagherà un soggiorno negli Stati Uniti.

   – E chi sarà, scusa?

   – Beh, ci sono sempre i miei genitori .... posso contare.

3. – Chi può dire a Gianna che non l'ho invitata alla mia festa?

   – Forse Pietro, ... è una persona .... ha un buon

   rapporto.

   – Non c'è qualcun altro .... la conosce molto bene?

4. Sto cercando un medico .... potrei parlare dei miei

   problemi.

   Deve essere una persona .... ci si può fidare e ....

   .... si parla molto volentieri.

Kompetenzorientierte Aufgaben

 E1 *Viaggi Vagabondo*

La nostra formula

Noi dello staff di *Vagabondo* organizziamo i nostri viaggi in paesi che conosciamo bene, li prepariamo con estrema cura. Creiamo degli itinerari[1] che includono anche mete[2] autentiche, luoghi al di fuori del turismo di massa. Scegliamo guide
5 locali perché crediamo che un paese lontano deve necessariamente essere visitato con gente del posto, e perché è giusto che i soldi che paghiamo per viaggiare finiscono nelle piccole economie locali. Evitiamo[3] gli alberghi internazionali, preferiamo strutture locali che hanno storia ed anima. Così cerchiamo di farvi conoscere il mondo nel modo più autentico e responsabile possibile.
10 I viaggi di gruppo di *Vagabondo* non sono certo i tour del "tutto-organizzato": *Vagabondo* è un sito di e per viaggiatori indipendenti! Quindi non troverete la guida con l'ombrellino, state tranquilli. La filosofia del viaggiatore *Vagabondo* vuole fare conoscere e vivere i posti, non solo vederli.(...)

Chi può partecipare

15 I viaggi di gruppo di *Vagabondo* sono viaggi culturali, avventurosi[4] ma soprattutto divertenti, (...). Insomma: a viaggiatori di tutte le età, da tutte le regioni italiane che amano conoscere persone nuove e condividere le proprie emozioni.
Già dopo poche ore di aereo compagni di viaggio appena conosciuti vi sembreranno i vostri migliori amici da sempre. Questo è la nostra filosofia. (...)

20 Nel prezzo di partecipazione dei viaggi di gruppo di *Vagabondo* sono inclusi[5] il volo dall'Italia, tutti i trasporti, i pernottamenti[6], gli autisti, la benzina, le guide a le escursioni.
I pasti[7] li includiamo soltanto quando non c'è possibilità di mangiare al ristorante (per esempio nei viaggi trekking[8], o in zone desertiche[9]) o dove c'è un solo buon
25 ristorante. Questo perché ci piace di più che dove c'è maggiore scelta il gruppo decide autonomamente cosa mangiare, scegliendo giorno per giorno.(...)

da: http://www.vagabondo.net/it/tipo-di-viaggio/viaggi-di-gruppo; Zugriffsdatum: 11.12.13

1. Comprensione del testo. Vero o falso? Segnala con una crocetta se le affermazioni sono vere o false.

	vero	falso	dove nel testo?
1. "Viaggivagabondo" organizza viaggi in paesi sconosciuti.			
2. Le guide che accompagnano i viaggiatori vengono da tutto il mondo.			
3. L'organizzazione prepara viaggi in posti dove non vanno tutti. / itinerari fuori del comune.			
4. Così l'organizzazione aiuta economie locali.			
5. Spesso gli alberghi sono internazionali.			
6. I viaggi sono tour del tipo "all inclusive".			

[1] l'itinerario: *Weg, Pfad*; [2] la meta: *Ziel*; [3] evitare: *(ver)meiden; verhindern*; [4] avventuroso/a: *abenteuerlich*;
[5] includere/incluso/a: *einbeziehen / inklusive*; [6] il pernottamento: *Übernachtung*; [7] il pasto: *Mahlzeit*;
[8] il trekking: *wandern*; [9] desertico/a: *einsam*

7.	Chi lo cerca ci trova anche la guida con l'ombrellino.		
8.	Per l'organizzazione è importante far conoscere i posti fino in fondo.		

2. Qual è l'informazione che trovate nel testo

1. sui pasti? ....

2. sui prezzi? ....

3. sulla filosofia dei viaggi di gruppo *Vagabondo*? ....

 E2 *Perché non andare in Trentino?*

Vedi le pubblicità seguenti su un giornale tedesco e vuoi invogliare il tuo amico italiano a passarci insieme a te le vacanze **estive** *oppure* **invernali***.*
Scrivigli un'e-mail nella quale – in base alle pubblicità qui sotto – gli dai buoni motivi per andarci riferendoti ai punti forti della regione trasportati dalle pubblicità.

TRENTINO. NATÜRLICH ERHOLEN!
Was auch immer Sie machen möchten – Sport, gut essen, die Seele baumeln lassen, sich amüsieren, das Zusammensein erleben oder einfach nur tief einatmen und die Aussicht genießen – das Trentino bietet Ihnen Energie pur.

Die Dolomiten – eine lebendige Bergwelt.
Nicht nur die einzigartige Schönheit der Dolomiten oder des azurblauen Gardasees werden Sie begeistern.
Es gibt noch so viel mehr zu entdecken auf den langen Spazierwegen, die Sie durch ein 1.100 km² großes Naturschutzgebiet führen, mit Biotopen, wo Sie eine Tier- und Pflanzenwelt finden können, die es anderswo nicht mehr gibt. Verbringen Sie eine wunderschöne Nacht in einer Berghütte und entdecken Sie die Natur.
„Vinum Bonum". Die Welt des Weins erleben.
Wenn Ihnen Besichtigungen, Spaziergänge und frische Luft nicht genügen, dann hat „Vinum Bonum" das Passende für Sie. Von Juni bis September werden Führungen in den Weinkellereien organisiert. Sie werden eingeladen, bei Weinproben und kulinarischen Workshops mehr über Wein und die Kunst des Genießens zu erfahren. Es finden Konzerte statt, die der Weinkunst und -kultur gewidmet sind.
Open-air-Konzerte in luftiger Höhe. Besser als ein Walkman. Der Aufstieg ist vielleicht ein wenig anstrengender, aber diese Konzerte bieten Ihnen den perfekten Soundtrack für das atemberaubende Panorama, das Sie umgibt. „Die Klänge der Dolomiten" ist eine Konzertreihe mit vielen internationalen Künstlern, die in den Bergen stattfindet. Auch dieses Jahr werden die Interpreten wieder für Sie auftreten, in der höchsten Musicalshow Europas.

Ein Urlaub „ganz in der Natur", begleitet von der Kunst und der typisch italienischen Küche: Das bietet das Trentino. Doch um diese Region näher vorzustellen, genügt es nicht nur die Dolomiten zu nennen, jenes Gebirge mit seinen märchenhaften Farben; oder den Gardasee mit seinem fast mediterranen Klima.

Denn das Trentino hat noch viel mehr zu bieten. Mit über 1.100 Quadratkilometer Naturparks, langen Fahrradwegen, tausendundeiner Möglichkeit zum Sporttreiben ist das Trentino ein wahres Fitness-Center in der frischen Luft. Und zur traditionellen Gastfreundschaft der Region gesellen sich dann noch auf höchstem Niveau geführte, moderne Hotels, Apartmenthäuser und Campingplätze. So, und falls Sie jetzt auf den Geschmack gekommen sind, fordern Sie doch einfach unser ausführliches Informationsmaterial an. Das bringt Sie einem herrlichen Reiseziel im Herzen Italiens noch ein Stück näher.

da: Punto Trentino Info Tourismus, München

E3 *Tutto ciò che vi fa bene al König Laurin*

Vorresti passare tre giorni in Alto Adige con il tuo ragazzo/la tua ragazza. Su Internet hai trovato le informazioni seguenti sull'Hotel König Laurin a Bolzano e vorresti prenotare una camera per un soggiorno di tre notti dal 1 al 4 agosto.

*Hotel König Laurin ***, San Genesio/ Alto Adige*

Arredamento camere:
bagni spaziosi – TV sat – cassaforte e telefono – divanetto – fantastica vista panoramica su San Genesio, Bolzano e le Dolomiti – balcone arredato/le suite sono con terrazza – le suite con stufa di maiolica – le camere sono molto spaziose (per 2 a 4 persone) – La Bolzano Card gratuita per l'ospite

Prezzi			
21.03.-03.08.	04.08.-31.08.	01.09.-27.12.	28.12.-07.01.13
PC[1] 57,00	PC 69,00	PC 63,00	PC 66,00
MP[2] 72,00	MP 84,00	MP 78,00	MP 81,00
Supplemento per la pensione completa: 15,00			
Supplemento per una suite a persona e giorno: 12,00			

1. Discuti con il tuo ragazzo/la tua ragazza se andarci o no.

2. Prima di chiamare l'albergo per una possibile prenotazione vi vengono alcune domande: Können wir unseren Hund mitbringen?
Wann muss man morgens das Hotel verlassen?
Welche Sportangebote gibt es?

Continua con altre sei domande.

3. Adesso fai la telefonata con un compagno di classe.

[1] PC: pernottamento e colazione; [2] MP: mezza pensione *(Halbpension)*

Rapporti umani

T1 Il prezzo di un nuovo amore?

E1 *I sinonimi*

Quali parole esprimono la stessa idea?

1. il luogo comune	a. l'indagine
2. la scelta	b. il peggioramento
3. la ricerca	c. l'inizio
4. il deterioramento	d. lo stereotipo
5. il debutto	e. la decisione

E2 *"Amare" significa*

Trovate per ogni verbo una definizione o spiegate il suo significato con l'aiuto di un esempio.

E3 *Comprendere un testo spagnolo*

Laura Pausini non è solo famosa in Italia, ma anche in tantissimi altri paesi, i suoi successi si estendono dall'Italia perfino oltreoceano. Siccome Laura Pausini canta spesso in spagnolo, molte delle sue canzoni si trovano in vetta alle classifiche di vendita dei paesi latini.

1. Leggete il seguente testo spagnolo e riferite quanto avete capito in italiano. Non fermatevi troppo a lungo sulle parole che non capite, ma concentratevi su tutto ciò che vi è chiaro.

Laura Pausini nació el 16 de mayo de 1974 en Solarolo, un pequeño pueblo al norte de Italia. Actualmente reside en Milán. Sus padres son Gianna y Fabrizio Pausini. Desde pequeña, se sintió atraída por el mundo de la música, gracias a su padre, que participaba en un grupo musical.
Desde hace casi 20 años Laura Pausini es una cantante galardonada con múltiples premios internacionales. A lo largo de su carrera ha cantado en otros idiomas además del italiano como: castellano, portugués, inglés, francés.
Es considerada como la artista italiana más internacional, con más de 12 álbumes en el mercado y vendiendo más de 50 millones de discos hasta la fecha. Esta artista no sólo habla del amor sino también acerca del racismo, la guerra y la pobreza entre otras cuestiones sociales. *Inédito*, lanzado en noviembre 2011, es el undécimo álbum de estudio de la cantante italiana y marca el regreso de Pausini, después de dos años de estar alejada de los escenarios.

2. Cercate sei parole nel testo e indicate a quale parola di un'altra lingua o a quali parole di altre lingue vi hanno fatto pensare.

spagnolo	italiano	francese	inglese	...

E4 *Aggettivo o avverbio?*

Semplicemente unico! **G** → 10.1

1. normale: Venerdì è stata una giornata ....

   .... non vado in discoteca.

2. estremo: Il calcio a volte è uno sport .... pericoloso.

   Cosa fai per sopportare il caldo .... in estate?

3. contemporaneo: Emma riesce .... a fumare,

   a ballare e a parlare al telefono.

   Lorenzo è un esperto della letteratura italiana ....

4. libero: Ragazzi, siete .... il prossimo fine settimana?

   Quando i miei genitori sono in vacanza posso ....

   fare quello che mi piace.

5. timido: Alessandra è una ragazza .... e introversa.

   So sempre tutto in tutte le materie, ma quando i prof mi interrogano rispondo

   sempre molto ....

6. tranquillo: Prima ho letto .... il giornale e dopo ho fatto

   una passeggiata. Le camere di quest'albergo sono tutte ....

E5 *Anna e Sara sono due sorelle che sono molto diverse.*

Fate dei paragoni secondo il modello: **G** → 10.1.5

Sara + Anna – giocare bene a tennis → Sara gioca meglio a tennis di Anna.

1. Sara – Anna + saper scrivere al computer velocemente
2. Sara – Anna + arrabbiarsi facilmente
3. Sara + Anna – vestirsi elegantemente
4. Sara + Anna – ascoltare attentamente i prof
5. Sara – Anna + parlare apertamente dei suoi problemi

quindici ....

T2 *Martina e Fabrizio*

E1 *Il primo amore*

Martina e Fabrizio stanno insieme da un mese. Oggi però non passano la serata insieme. Martina esce con le sue migliori amiche Francesca e Giorgia, mentre Fabrizio chatta con i suoi amici su Internet.

1. Martina parla di Fabrizio a Francesca e Ilaria. Completate le frasi con i pronomi mancanti.

1. .... piace da morire.

2. .... mando un sms di buonanotte ogni sera.

3. .... scriviamo almeno tre e-mail al giorno.

4. .... telefona la mattina prima di andare a scuola.

5. .... manco tanto, quando non mi vede.

6. .... posso dire tutto.

7. .... ha veramente sorpreso con l'idea del lucchetto.

8. .... presento Fabrizio domani.

2. Fabrizio chatta con Mattia, un ex compagno di scuola che adesso vive in un'altra città. Mattia gli fa molte domande. Formulate le risposte di Fabrizio e utilizzate il pronome personale giusto.

1. Dove hai conosciuto Martina?

   ....

2. E come hai fatto capire a Martina che lei ti piace?

   ....

3. Hai già conosciuto i suoi amici?

   ....

4. Hai già parlato a Martina dei tuoi progetti per l'estate?

   ....

5. I tuoi genitori sanno che sei innamorato di Martina?

   ....

6. Come ha trovato Martina il ciondolo con i delfini?

   ....

E2 Un lucchetto per dirsi "ti amo"
Completate il testo con le parole seguenti:

basta – città – eterno – iniziali – liberato – mondo – piazze – prima – tradizione

Scoppia la guerra ai lucchetti d'amore – Roma copia Venezia e pulisce ponti e piazze

L'amore può essere ...., la lucchettomania nata e cresciuta dal libro di Federico Moccia e dall'omonimo[1] film *Ho voglia di te*, no. Lo ha deciso il Comune di Roma che ha .... il Ponte Sant'Angelo dall'invasione dei lucchetti che rischia di deturpare[2] uno dei più prestigiosi e antichi monumenti della Capitale. È solo la .... azione di una vera e propria guerra, che proseguirà nelle altre ...., ville storiche e ponti monumentali, ormai soffocati[3] dal metallo dei ragazzi innamorati che si promettono di non lasciarsi mai, che scrivono le loro .... su un lucchetto, lo chiudono e lanciano finalmente le chiavi nel fiume Tevere. Il sottosegretario ai Beni culturali Francesco Giro trova l'azione necessaria, ma Federico Moccia protesta: "I lucchetti di Ponte Milvio – dice – sono ormai una ...., come le monetine di Fontana di Trevi. Richiamano turisti da tutto il .... e non danno fastidio a nessuno. Sono molto meglio di una scritta, non sono un rito ma un gesto simpatico, che lega e vincola[4] chi si vuole bene."
Roma arriva dopo Venezia, prima .... a dire .... all'invasione delle promesse chiuse a chiave sul Ponte di Rialto. In molte altre città italiane i lucchetti resistono ancora, come per esempio a Firenze sul Ponte Vecchio.

---

[1] omonimo, -a: *che ha lo stesso nome o titolo*; [2] deturpare: *rendere brutto, rovinare*; [3] soffocato, -a (part. pass.): *erstickt*; [4] vincolare: *unire due o più persone con legami affettivi*

T3 *Giulia Carcasi: Ma le stelle quante sono*

E1 *Lingue a confronto*

Conoscete parole italiane della stessa famiglia oppure parole simili in altre lingue?

Modello: il sorriso (sostantivo)   sorridere (verbo)   francese: le sourire

1. maturo/-a: ....
2. la facoltà: ....
3. il giocoliere: ....
4. riaddormentare: ....
5. le vertigini: ....
6. esitare: ....
7. ammalarsi: ....

E2 *Come si può dire ancora?*

Trovate le espressioni corrispondenti nel testo di Giulia Carcasi. (→ libro In piazza, Lezione 10, T3).

1. Hai la ragazza/il ragazzo in questo momento? ....
2. Lo so ancora benissimo. ....
3. È ideale per lui. ....
4. Non capisco bene il cuore. ....
5. Non bisogna pensare troppo alle amicizie passate/ai rapporti passati. ....
6. La lezione comincia presto. ....

E3 *Dire o non dire?*

Traduci le seguenti frasi e scrivi le soluzioni nel tuo quaderno.

1. Er schämt sich für seine Lügen.
2. Warum tust du so, als hättest du nicht verstanden, was ich gesagt habe?
3. Ich sage ihm nichts von meinem neuen Freund.
4. Sie erinnern sich nicht, warum ihre Beziehung in die Brüche gegangen ist.
5. Wir ziehen es vor, nicht über die Vergangenheit zu sprechen.

E4 *Ma perché me lo dici ora?*

Nel testo di Giulia Carcasi si trovano combinazioni di due pronomi, i cosiddetti pronomi doppi.

Carlo : Non mi è tanto chiaro il cuore.
Alice : Ok, allora stasera te lo rispiego.

Alice : Ti amo!
Carlo : Anch'io, ma perché me lo dici ora?

*1. A chi/che cosa si riferiscono **te lo** nella prima e **me lo** nella seconda frase? Qual è la posizione dei pronomi?* **G** → 10.2

2. Metti i pronomi doppi al posto degli elementi sottolineati e scrivi le frasi nel tuo quaderno. **G** → 10.2

1. Non <u>ti</u> do <u>la mia macchina</u>.
2. Luca mostra <u>le foto delle vacanze</u> <u>a sua zia</u>.
3. Luca mostra i <u>francobolli giapponesi</u> <u>alle sue zie</u>.
4. <u>Vi</u> mandiamo subito <u>il nostro indirizzo e-mail</u>.
5. Perché non <u>ci</u> spieghi <u>il tuo punto di vista</u>?
6. I miei genitori <u>mi</u> hanno prestato <u>i soldi per la nuova macchina</u>.
7. Quando vedo Fabio <u>gli</u> dico <u>la verità</u>.
8. A Natale mia sorella <u>mi</u> ha presentato <u>la sua raccolta di poesie</u>.
9. Morena <u>ci</u> avrebbe detto <u>che Fabrizio l'ha invitata</u>.
10. <u>Mi</u> lavo sempre <u>le mani</u> dopo aver giocato con il gatto.

3. Completa i seguenti dialoghetti con i pronomi combinati. **G** → 10.2

1. – Quante cartoline hai mandato ai tuoi amici?

   – .... ho mandate almeno dieci.

2. – Uffa! Che brutto questo vaso!

   – Sì, lo so, ma .... regalato mia suocera e stasera è a cena

   da noi ...

3. – Potete dirci il segreto?

   – No, ci dispiace, non .... possiamo ancora dire.

4. – Ti piace la mia sciarpa?

   – Sì, è molto bella. .... fatta tua madre, vero?

5. – Anna, ci vediamo alla festa di Daniele?

   – Che festa? Daniele non .... ha detto niente.

6. – Perché non venite con noi al cinema?

   – Dobbiamo finire una traduzione per il professor Casini e

   .... dobbiamo consegnare domani mattina.

7. – Che cosa avete preparato per il compleanno di Filippo?

   – Ah, Sara, questo è un segreto. Non .... diciamo!

8. – Ti ricordi del nostro primo viaggio senza genitori?

   – Come no! Certo che .... ricordo.

9. – Perché non vuoi vendere il motorino al tuo collega Maurizio?

   – Non vorrei vender .... perché mi è molto antipatico.

T4 *Andiamo al cinema: Mine vaganti* [1]

E1 *Al cinema, in tutte le lingue*

Il film "Mine vaganti" è stato un grande successo non solo in Italia, ma anche in tanti altri paesi. Ecco il titolo del film in sette lingue. Cercate di

- individuare le lingue
- capire i titoli
- scegliere il titolo che vi piace di più
- spiegare la vostra scelta.

Männer al dente
Le premier qui l'a dit
Loose cannons
En italiensk familj på gränsen till sammanbrott
Uma Família Moderna
Serseri mayınlar
Tengo algo que deciros
O milosci i makaronach

E2 *Giovane, omosessuale e incompreso*

4 – 5

Ecco le trascrizioni di due scene del film "Mine vaganti". Nella prima, Tommaso (T) parla con suo padre Vincenzo (V), nella seconda, sua madre Stefania (S) si rivolge a Marco (M), il ragazzo di Tommaso. Leggete / Ascoltate i dialoghi e analizzate il concetto di omosessualità che si nasconde dietro le affermazioni dei genitori di Tommaso.

T: Vedrai che col tempo ti abitui. Dai!
V: Io non mi posso abituare. Non mi abituerò mai. Ma com'è possibile che in tutto questo tempo non ci siamo mai accorti di niente?
T: Perché uno non ce l'ha scritto in fronte che è omosessuale.
5 V: Omo... che? È un ricchione. Non lo giustificare. Ma perché non si vedeva, questo io non lo capisco. Uno lo riconosce subito un ... , uno, no? Da, da come parla, da come si muove, da come cammina. E invece quello non faceva un gesto, non faceva una cosa, si vestiva pure normale... per nasconderci tutto.
10 T: Non è che uno si deve vestire da donna per andare con gli uomini.
V: E tu che ne sai?
T: Sono cose che si sanno.

S: Buongiorno.
M: Buongiorno.
15 S: Senti, ti volevo chiedere una cosa, una cosa riservata. Tommaso mi ha detto che siete molto amici. Ti ha detto di Antonio, di quello che è successo?
M: Sì, mi ha detto.
S: Appunto. Ti volevo chiedere ... Secondo te, come dottore, è una cosa da cui si guarisce?
20 M: Da cosa?
S: Questa cosa di Antonio.
M: Dall'omosessualità?
S: Eh, quello. C'è ... non può essere che magari col passare del tempo ...
M: No.

[1] la mina vagante: *Treibmine, „tickende Zeitbombe"*

25 S: No?
M: Non è come una malattia. È una caratteristica.
S: Una caratteristica?
M: Sì. C'è chi lo è e chi non lo è. Tutto qui.
S: Sì, sì, certo. Si sa. Ma non succede mai che
30   uno torna indietro, che si normalizza?
M: Si normalizza?
S: Eh?

Una scena del film "Mine vaganti"

E3 *L'omosessualità oggi*

Completate le frasi con i pronomi indefiniti:

alcuni – molte (2x) – molti (2x) – nessuno – ogni – ognuno – qualsiasi – tutte – tutti

1. In .... i paesi dell'Unione europea è vietata .... forma di discriminazione fondata sull'orientamento sessuale.

2. .... deve essere discriminato per i propri orientamenti sessuali.

3. .... deve essere libero dei propri gusti sessuali.

4. .... omosessuali si allontanano dalla chiesa, ... cercano un compromesso.

5. In .... famiglie le madri sono più comprensive quando il figlio fa il suo *coming out*.

6. Dalla metà del XX secolo, l'omosessualità è stata gradualmente disconosciuta come malattia e decriminalizzata in quasi .... le nazioni sviluppate.

7. Sono sicuro che ci sono .... gay nel mondo del calcio.

8. In .... culture, le persone omosessuali sono frequentemente soggette al pregiudizio e alla discriminazione.

9. L'obiettivo di .... Europride[1] è di focalizzare l'attenzione sulle iniziative e sulla cultura LGBT (acronimo utilizzato per riferirsi a persone Lesbiche, Gay, Bisessuali, Transgender) a livello europeo.

---

[1] L'Europride è una manifestazione dedicata alla celebrazione della giornata internazionale dell'orgoglio LGBT. Ogni anno si svolge in un'altra città europea.

E4 *Il mondo ha paura di me?*

Cercate di mettervi nei panni di un/una sedicenne omosessuale che non si è ancora dichiarato/a e che a scuola assiste a conversazioni omofobe con i suoi compagni senza poter controbattere. Quali potrebbero essere le sue preoccupazioni? Questo/a sedicenne tiene un diario online e parla ogni giorno su un blog delle sue esperienze. Scrivete i suoi pensieri dopo una giornata particolarmente difficile.

E5 *L'amicizia non ha confini*

In che modo potreste aiutare eventuali compagne/compagni di classe omosessuali? Quale vostro comportamento faciliterebbe loro il coming out?

E6 *Tabù*

L'estate scorsa, durante le vacanze, hai fatto amicizia con uno studente fiorentino che è omosessuale e che ti ha parlato del bullismo omofobico in tante scuole italiane. Tu allora eri convinto/convinta che la situazione nella tua scuola era diversa e che da voi studenti omosessuali non dovevano subire insulti verbali e battute fuori luogo.

Quando leggi però il seguente articolo cominci a dubitare delle tue convinzioni. Decidi di scrivere un'e-mail al tuo amico in cui gli riassumi le esperienze fatte da Madeleine e Kevin, i due omosessuali di cui parla il testo.

ZUM SCHWEIGEN VERDAMMT

Sie liebte Mädchen und wurde von Mitschülern bloßgestellt, er liebte Jungen und erlebte Homo-Hass im Heimatort: Madeleine und Kevin
5 wissen, unter welchem Druck Schwule und Lesben im Teenageralter von anderen Jugendlichen gesetzt werden – und wie lange sie mit den Folgen kämpfen.
10 „Die Leute haben mich angeguckt wie ein Stück Dreck – und so bin ich mir auch vorgekommen." Madeleine, 23, steht in der leeren Aula ihrer früheren Schule. Klein, zierlich, mit
15 blonden Locken. Sie streicht mit der Hand über eine der Säulen. „Eines Morgens bin ich in die Schule gekommen, und überall hingen schon die Zettel. Das war ein ganz,
20 ganz schreckliches Gefühl, weil ich sofort wusste, was los war."
Auf den Zetteln stand Madeleines Outing. Sie hatte einer Freundin in einem Brief geschrieben, dass sie
25 nicht weiterwisse. Immer verliebe

sie sich nur in Mädchen. Eigentlich suchte sie jemanden zum Reden. Aber die Freundin kopierte den Brief und hängte ihn aus – in der ganzen
30 Schule.
Damals war Madeleine gerade mal zwölf Jahre alt. Was folgte, war eine Zeit des Mobbings und der Ausgrenzung: „Ich hatte Bauch-
35 schmerzen, hab vor der Schule schon geweint, war total fix und fertig mit den Nerven."
Fast die Hälfte aller homosexuellen Schüler erlebt wie Madeleine ein
40 sogenanntes Zwangsouting, sagt

Almut Dietrich. Für die Koordina-
torin des Projektes „Schule ohne
Homophobie" ist das nichts anderes
als Gewalt. „Schüler verletzen die
45 Intimsphäre des Betroffenen. Er
oder sie kann dann nicht mehr frei
entscheiden, wem er wann davon
erzählt."
Die Alternative heißt: Versteckspiel.
50 So wie bei Kevin, 22. Er lebt in Köln,
kommt aber aus dem Sauerland.
In Winterberg war er engagiert im
Schützenverein und wurde sogar
Jungschützenkönig. Er war Mess-
55 diener und sogar im Pfarrgemeinde-
rat – mittendrin statt nur dabei in
der Dorfgemeinschaft. „Aber als das
Gerücht aufkam, ich könne schwul
sein, kam jemand aus dem Dorf auf
60 mich zu und fragte: ‚Kevin, ich hab
da was gehört, bist du schwul?' Ich
war total schockiert und habe
erstmal alles abgestritten. Er sagte:
‚Gott sei Dank, sonst hätte ich auch
65 nie wieder ein Wort mit dir geredet.'"
Freitagmittag, kurz vor Schulschluss.
Kevin steht vor seiner alten Schule
und erzählt: Bloß nicht auffallen war
seine Devise, auch was Klamotten
70 anging. Heute sind seine Haare
rötlich gefärbt und hochgegelt, er
trägt modische Jeans. Auf dem Weg
zu seinem alten Klassenzimmer wird
Kevin ruhiger, setzt sich schließlich
75 auf einen der leeren Stühle: „Ich
sehe noch meine Mitschüler hier
sitzen, wie damals." Es sei „ein
Wahnsinnsgefühl", jetzt als geoutet
hier zu sein. „Die ganze Last ist weg,
80 ich habe endlich zu mir gestanden.
Damals hatte ich oft Angstzustände."
[...] Als Kevin in einem anschließen-
den Gespräch mit dem Schulleiter
wissen will, ob Lehrer auf das
85 Outing von Schülern vorbereitet

seien, zögert der Direktor nur kurz.
Im Kollegium wäre das vermutlich
kein Problem gewesen, schätzt er:
„Schwieriger wäre es sicherlich bei
90 den Schülern. Jugendliche sind
heutzutage brutal. Sie nutzen jede
vermeintliche Schwäche, das hättest
du vermutlich zu spüren bekommen."
Die Lehrergewerkschaft GEW sagt,
95 dass „schwul" und „Schwuchtel"
heute die häufigsten Schimpfwörter
auf dem Schulhof sind. Almut
Dietrich vom Projekt „Schule ohne
Homophobie" fordert deshalb ein
100 engagiertes Eingreifen von Lehrern,
auch wenn auf den ersten Blick
niemand konkret gemeint ist.
Allein der Gebrauch von „schwul"
als Schimpfwort schaffe „eine
105 Atmosphäre der Intoleranz, in der
sich niemand mehr outen wird".
Studien belegen, wie sehr sich das
Klima an deutschen Schulen bereits
in diese Richtung entwickelt hat:
110 Einer Umfrage der Marktforscher
von iconKids & youth zufolge finden
über zwei Drittel der Jungen und
die Hälfte der Mädchen Lesben und
Schwule „überhaupt nicht gut".
115 Ihnen fehlen Vorbilder bei der
Generation der Eltern und Groß-
eltern. Die Anti-Diskriminierungs-
stelle des Bundes hat herausge-
funden, dass auch zwei Drittel aller
120 Erwachsenen mit Homosexualität
lieber nichts zu tun haben wollen.
Eine Folge davon: Bei homosexuellen
Mädchen und Jungen ist die Gefahr,
dass sie Selbstmord begehen, viermal
125 so hoch wie bei Heterosexuellen, wie
eine Studie des Berliner Senats ergab.
[...]

Christina Zühlke, http://www.spiegel.de/schul-
spiegel/leben/homo-hass-unter-jugendlichen-zum-
schweigen-verdammt-a-687924.html (27.5.2014)

Kompetenzorientierte Aufgaben

 E1 *Meglio gli amici o la famiglia?*

Leggi attentamente l'articolo che segue, tratto dalla rivista "L'Espresso". Decidi poi se le seguenti affermazioni sull'amicizia sono vere o false. Cerca le informazioni nel testo e correggi le affermazioni false.

[...]
"L'amicizia moderna dà una risposta a molti cambiamenti sociali. Ci mostra che sono i ruoli tradizionali, famiglie in primis, a essere in crisi", dice Valentina Ventrelli, ricercatrice del Future Concept Lab: "Famiglie d'origine lontane, rapporti di coppia difficili e un senso generale d'incertezza fanno sì che l'amicizia sia la relazione più solida sulla quale contare[1]". "Specie nei momenti più duri della vita: in caso di divorzio[2], di lutti[3], di difficoltà, l'amicizia è il sostegno più importante", conferma Paola Rebughini, docente all'Università di Milano. I dati lo confermano: secondo l'Istat un italiano su quattro è "molto" contento delle sue amicizie, il 56 per cento "abbastanza". Il trend è in crescita: segno che all'amicizia gli italiani dedicano[4] tempo e attenzione. Le percentuali di soddisfazione[5] sono più alte al nord: Bolzano è la città dove le relazioni con gli amici sono più importanti (l'85 per cento è soddisfatto); in Sicilia e in Puglia i più insoddisfatti. Gli amici sono confidenti[6] privilegiati: tra i 18 e i 24 anni le persone con le quali ci si apre di più sono la madre (38,1 per cento), gli amici (21,2) e infine, fratelli (2,4 per cento), sorelle (5,5) o altri parenti (1,1 per cento). Tra i 25 e i 35 anni il partner diventa il primo confidente (45,7 per cento), seguito dalla madre (19,9). Ma dopo, tra i 35 e i 44, gli amici guadagnano posizioni: il partner resta il preferito nel 61,9 per cento dei casi, ma al secondo posto ci sono gli amici (8,4).
[...]

Sabina Minardi 13 luglio 2010 da:
http://espresso.repubblica.it/visioni/societa/2010/07/13/news/com-e-sexy-l-amicizia-1.23073
(abbreviato e adattato)

1. La famiglia è e sarà sempre un luogo sicuro.
2. Nei momenti più difficili della vita gli amici sono vicini.
3. Molti italiani sono contenti dei loro amici.
4. Gli italiani non dedicano molto tempo agli amici.
5. Nel Nord Italia gli amici sono meno importanti.
6. Gli amici raramente sono dei confidenti privilegiati.
7. I ventenni si confidano poco con fratelli e sorelle.
8. Passati i quarant'anni la relazione con la madre è al primo posto.

---

[1] contare su qualcuno/qualcosa: *auf jdn/etw zählen*; [2] il divorzio: *Ehescheidung*; [3] il lutto: *Trauer*;
[4] dedicare: *widmen*; [5] la soddisfazione: *Zufriedenheit*; [6] confidente: *Vertraute(r)*

E2 È vera amicizia quella su facebook?

Ascoltate questa breve intervista radiofonica ad una psicologa, esperta di nuovi media. Leggete attentamente le affermazioni e decidete se sono vere o false. Correggete quelle false.

		vero	falso
1.	Molti ragazzi dicono di avere più di 400 amici su facebook.		
2.	Secondo la Dott.ssa Galli gli amici su facebook sono semplici conoscenze.		
3.	I ragazzi si mandano messaggi di giorno e di notte.		
4.	La Dott.ssa Galli pensa che col tempo i contatti virtuali possano diventare vere amicizie.		
5.	Secondo la Dott.ssa Galli le amicizie virtuali sono più semplici.		
6.	Un consiglio che la Dott.ssa Galli dà ai giovani è quello di incontrarsi più spesso.		
7.	Quando i giovani escono non si devono dimenticare il telefonino per non tralasciare le amicizie virtuali.		

E3 Una serata fra amici

Dividetevi a gruppi di tre e seguite le istruzioni nel riquadro. Dovete mettervi d'accordo su orario e luogo dell'appuntamento per andare a mangiare una pizza. Avete tutti molti impegni nel fine settimana ma fra poco finirà la scuola e non vi rivedrete più fino al prossimo anno scolastico, volete assolutamente incontrarvi. Vi incontrate all'uscita da scuola e ne parlate.

Studente A:
Venerdì sera rientri tardi dall'allenamento di calcio e sabato sera non vuoi fare tardi per essere in forma per la partita di domenica. È l'ultima del campionato e la tua squadra deve vincere! Domenica sera sarai stanco ma libero. I compiti li farai nel pomeriggio.

Studente B:
Venerdì festeggerai il compleanno di tua mamma e sabato sera hai deciso di portare al cinema la tua ragazza/il tuo ragazzo. Gliel'hai promesso da tempo e non puoi assolutamente cambiare giorno. Domenica sarai a Torino con la tua famiglia e rientrerai verso sera. Martedì mattina hai l'ultimo compito in classe di storia e devi ancora ripassare tre capitoli.

Studente C:
Venerdì sera hai le prove di canto e sabato sera esci sempre con la tua ragazza/il tuo ragazzo. Questa settimana festeggiate i primi sei mesi insieme, avevi pensato ad una serata romantica. Domenica pomeriggio arriva un tuo amico dagli Stati Uniti che si fermerà in Italia per alcuni giorni. In famiglia sei quello che parla meglio inglese e non puoi lasciarlo da solo con i tuoi genitori.

venticinque 25

Lezione 11

Impegnarsi ... anche per gli altri?
Ingresso

E1 *Impegnarsi – sì o no?*

Inserisci le parole che mancano. Forse ti vengono in mente anche altre espressioni per completare le frasi? Nota anche le tue "soluzioni" alternative.

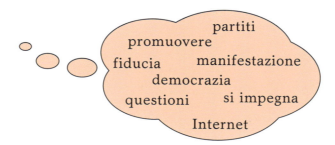

partiti – promuovere – fiducia – manifestazione – democrazia – questioni – si impegna – Internet

1. Per fare un commento su .... attuali c'è chi pubblica un articolo su un giornale o su ....

2. Chi si ribella contro ingiustizie forse partecipa a una ....

3. Da buon cittadino si rispettano le regole della .... e si va a votare. Ma c'è anche chi si rassegna e non crede più nel potere dei .... politici di cambiare le cose.

4. Chi non è indifferente verso i problemi sociali forse .... in un'organizzazione caritativa.

5. A tanti giovani non sembra facile .... un cambiamento nella società. Hanno poca .... di poter migliorare la situazione.

E2 *Foto e i loro messaggi*

1. Guarda l'ingresso di lezione 11 nel libro **In piazza** e cerca di abbinare ogni parola a una foto.

   uccello rapace – discarica abusiva – sacchi della spazzatura – vecchiaia – collaborazione – impegno ecologico – mercato nero

2. Poi scegli una foto e descrivila. Qual è il messaggio che secondo te trasporta la foto? (Usa la strategia Descrivere una foto/un disegno/un quadro/un'immagine p. 287 nel libro **In piazza A**, p. 139 nel libro **In piazza B**.)

T1 Impegnarsi? Come no!

E1 Le forme del congiuntivo presente

Sottolinea i congiuntivi e indica la persona. **G** → 11.2

Modello: <u>paghiamo</u> – <u>paghiate</u> – pagano – <u>paghi</u> → noi/voi/io, tu, lui, lei

1. chiedo – chieda – chiedano – chiedete → ....

2. faccio – facciate – facciamo – faccia → ....

3. prendi – prendano – prendono – prenda → ....

4. partecipa – partecipiate – partecipino – partecipo → ....

5. dico – dica – dici – diciamo – dicano → ....

6. finisca – finiamo – finiate – finiscono → ....

E2 Quando usare il congiuntivo?

Inserisci in ogni spazio almeno due espressioni tipiche che richiedono il congiuntivo.
G → 11.3

esprimere un desiderio

esprimere un dubbio o un'incertezza

esprimere un'emozione

esprimere una necessità

esprimere un'opinione

E3 Che cosa sai della formazione e dell'uso del congiuntivo presente?

Segna con una crocetta ogni affermazione giusta e completa quello che manca.
G → 11.3

Il congiuntivo si usa soprattutto
☐ nella frase principale.   ☐ nella frase secondaria.

Il congiuntivo viene spesso introdotto da ☐ che. ☐ di.

Identiche all'indicativo sono le forme del congiuntivo nella .... persona ....

Il singolare del congiuntivo presente lo conosci già: si usa anche per
☐ l'imperativo informale ("tu").   ☐ l'imperativo di cortesia ("Lei").

Attenzione: diversamente dal tedesco .... si usa il congiuntivo nel discorso indiretto.

E4 Venezia. Una città vivibile

In una discussione tra amici si parla dei problemi della città e dei cambiamenti che sono necessari per salvare Venezia dal turismo di massa e dai pericoli ecologici.

Combina le frasi e scrivine almeno sette usando il congiuntivo presente nella frase secondaria! G → 11.2

1.	Molti veneziani desiderano		si (limitare) il traffico delle navi di crociera[1] nella laguna.
2.	È importante		(potere) venire anche nel futuro.
3.	Alcuni veneziani vogliono		non (aumentare) le tasse.
4.	Il sindaco pensa		il numero dei turisti non (diminuire[2]).
5.	I giovani a Venezia temono[3]	che	gli ultimi veneziani non (lasciare) il centro storico.
6.	Gli albergatori si augurano		si (chiudere) i piccoli canali per i motoscafi[4].
7.	I piccoli negozi sperano		a loro non (pensare) nessuno.
8.	I turisti che amano il fascino della città sperano		Venezia (avere) sempre tante possibilità.

E5 Cosa fare dopo la maturità?

Cristina è ancora indecisa che cosa vuole fare dopo gli esami. Completa le frasi con i verbi al congiuntivo.
G → 11.2, 11.3

Sebbene Cristina (volere) .... bene alla sua famiglia e (andare) .... d'accordo con i suoi genitori, vuole lasciare la casa e vivere per conto suo. Lei crede che (essere) .... importante vedere il mondo e fare qualche esperienza nuova. In Internet ha letto che *Il Servizio Civile Internazionale* offre campi di volontariato anche all'estero. Nonostante i suoi genitori (avere) .... tante paure

[1] la nave di crociera: *Kreuzfahrtschiff*; [2] diminuire/-isco: *(an Zahl) abnehmen*; [3] temere: *befürchten*; [4] il motoscafo: *Motorboot*

Cristina avrebbe voglia di passare qualche mese con una tale iniziativa. Si interessa di un progetto in Kenia in cui un gruppo internazionale di giovani si impegna per una scuola elementare perché i bambini (imparare) .... anche l'inglese. Cristina ora cerca ragazzi che ci hanno già partecipato perché non è sicura che il lavoro le (piacere) .... Dubita un po' se (sapere) .... arrangiarsi¹ con le condizioni di vita. Benché non (essere) .... richieste² competenze specifiche, si aspettano adattabilità³ al contesto, alla vita spartana e al lavoro di gruppo. Prima che Cristina (parlare) .... con i genitori deve cercare ulteriori informazioni perché teme che loro (protestare) .... contro la sua idea. Meglio preparasi bene alla discussione!

E6 Discussione in famiglia

Qualche giorno dopo Cristina parla con i suoi genitori; è venuto anche Michele, un amico di Cristina, che l'anno scorso ha partecipato ad un campo di volontariato in Africa dove hanno costruito un pozzo⁴ nuovo per un paesino. *Mettetevi in quattro e scegliete un ruolo (Cristina, sua madre, suo padre, Michele).*

1. Ognuno per sé: scrivi alcune frasi per preparare la discussione (e fa' attenzione al congiuntivo!).

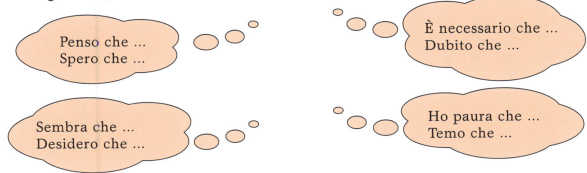

2. Usate i vostri appunti per discutere in quattro sulle idee di Cristina.

E7 Impegnarsi ad essere indifferenti?

Descrivi la vignetta e poi spiega il suo significato.

---

¹ arrangiarsi: *sich abfinden/zurecht kommen*; ² richiedere: *verlangen*; ³ l'adattabilità: *Anpassungsfähigkeit*
⁴ il pozzo: *Brunnen*; ⁵ che: *perché*

T2 L'Aquila: il blog di Chiara

E1 *Tre settimane di volontariato … e tante emozioni*

L'anno scorso Dario ha fatto un volontariato in Emilia-Romagna, dove nel 2012 un forte terremoto ha colpito molte città. Con il CSV (il Centro Servizio per il Volontariato) di Ferrara ha partecipato a un'iniziativa per ricostruire scuole elementari che sono state colpite dal terremoto. Si ricorda:

1. Metti i verbi tra parentesi al congiuntivo passato. **G** → 11.4

1. Sono molto contento che io (fare) .... quest'esperienza

   benché non tutto quello che io (vedere) .... in quel periodo

   è stato facile a digerire[1].

2. Alla fine mi è piaciuto soprattutto che molte persone (impegnarsi) ....

   .... per aiutare i bambini a ritornare nella vita normale.

3. Siamo contenti che (potere aiutare) ....

   con una costruzione provvisoria nel centro parrocchiale[2].

4. Non posso dire che la mia esperienza (essere) .... facile

   ma credo che tutti nel mio gruppo (crescere) ....

   in quelle settimane.

2. Completa le frasi con un verbo adatto al congiuntivo passato. **G** → 11.4

> fare
> conoscere
> divertirsi   venire
> cambiare   dover partire
> impegnarsi

1. Dario crede che i bambini ....

   .... nella piccola festa che i

   volontari hanno organizzato.

2. Dario trova che le autorità .... di tutto per

   rendere più facile i lavori di ricostruzione.

3. La madre di Dario era contenta che suo figlio ....

   dal CVS. Le sembra che l'esperienza del volontariato lo ....

   .... in un modo positivo.

4. Dario è ancora triste che lui .... prima della fine del progetto.

5. Lui non dubita che dopo lui .... altri giovani

   a continuare il lavoro per e con i bambini.

6. Raffaela, una ragazza con cui Dario ha collaborato, è molto felice che lei

   .... Dario e spera di rivederlo presto.

---

[1] digerire/-isco: *verdauen;* [2] parrocchiale: *Gemeinde-*

30 .... *trenta*

E2 *Un'intervista a Dario per il giornale della scuola*

Mettetevi in due e inventate domande per un'intervista in cui Dario parla delle sue esperienze; fate appunti anche per le risposte.

Poi presentate l'intervista in classe. Attenzione: il/la "giornalista" e "Dario" parlano liberamente; per gli appunti usate solo una piccola scheda.

 E3 *Volontario in un ospedale*

Lo studente Elio Bertone si è impegnato in un tirocinio[1] in un ospedale per bambini malati di cancro[2]. Potresti immaginare quali difficoltà doveva incontrare?

1. Ascolta quello che racconta su quest'esperienza e decidi sulle seguenti affermazioni.

	non ne parla	vero	falso
1. Elio è uno studente di medicina.			
2. L'organizzazione (Comitato per la vita "Daniele Chianelli") in cui si impegna aiuta anche le famiglie dei bambini malati.			
3. Già all'inizio Elio non aveva problemi di entrare in contatto con i piccoli pazienti.			
4. Il suo compito era anche giocare con loro.			
5. Ha riflettuto tanto sulla morte.			
6. Per lui la vita ora ha un nuovo valore[3].			
7. Dopo il tirocinio è contento dell'esperienza ma anche che sia finito.			

2. Correggi almeno una delle affermazioni false.

3. Immagina di incontrare Elio. Quali domande gli faresti?

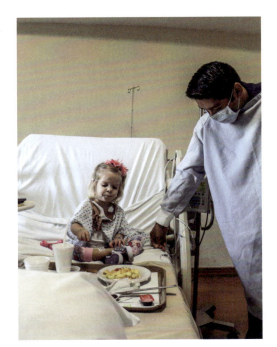

---

[1] il tirocinio: hier: *eine Art Lehrgang*, sonst auch: *praktische Berufsausbildung;* [2] il cancro: *Krebs;* [3] il valore: *Wert*

T3 Due canzoni – due attegggiamenti

E1 Lettura e ascolto: Jovanotti, I giovani (1994)

Prova a completare la canzone con le parole mancanti. Per ogni spazio vuoto puoi scegliere e sottolineare la tua "soluzione" tra le proposte nella casella. Forse ti serve un dizionario bilingue. Poi mettetevi in due e paragonate le vostre versioni spiegando e discutendo i motivi della scelta fatta. Infine controllate le vostre versioni con l'originale con l'aiuto di una registrazione della musica.

1. gli occhiali scuri / i capelli lunghi / i pantaloni larghi
2. girano / passeggiano / corrono
3. con gli adulti / con i vecchi / con i muri
4. calcolati / catalogati / nascosti
5. pubblicità / moda / voglia
6. vanno / piangono / gridano
7. studiano mai / trovan' da lavorare / s'impegnano
8. amore / esame / errore
9. delusione / sconfitta / casa
10. amico / adulto / uomo

I giovani hanno (1)
e le basette come cespugli
e nelle magliette la verità
i giovani (2) per la città
5 i giovani parlano (3)
ma non ascoltano la risposta
hanno una scritta sulla maglietta
e non domandano quanto costa
I giovani sono dentro i sondaggi
10 (4) in percentuali
i giovani stanno bene
i giovani stanno male

I giovani quali, quelli più belli?
oppure i giovani quelli brutti?
15 I ricchi, i poveri, i giovani cosa?
i giovani che? I giovani tutti!
Tutti i giovani sempre giovani
non mi dire che ci sei anche tu

Tra quelli lì della (5)
20 della aranciata e la Coca Cola
quelli che (6) ai concerti
quelli che occupano la scuola
quelli che non (7)
quelli che ancora paga papà
25 quelli che non c'è mai un cazzo da fare
in questo cazzo di città

Vorrei passare dai dieci ai trenta
per non subire questa tortura
il primo (8), la prima (9)
30 dover vestire quest'armatura
il primo (10) che ti tradisce
o che magari tradisci tu
il primo treno che non ci sali
e che magari non torna più

 ### E2 Analisi

Spiega il significato dell'ultima strofa della canzone. Secondo te che cosa esprime?

 ### E3 Produzione libera

Inventa almeno quattro versi da aggiungere alla 3ª strofa e due alla 4ª strofa.

Kompetenzorientierte Aufgaben

E1 *Volontari in Italia: un esercito di ottocentomila persone*

Leggi l'articolo (anche se non capisci ogni dettaglio) e poi decidi se le affermazioni sotto sono vere o false.

VOLONTARIATO GIOVANILE
Una risorsa per la società e per se stessi
Cresce il numero dei giovani che fanno volontariato.
di Novella Caterina

L'Italia è al 14° posto nella classifica europea del volontariato (per numero di persone che vi si dedicano) e, sebbene l'età media sia piuttosto alta nel nostro paese, è in crescita la percentuale di giovani che si dedicano alle attività gratis et amore dei. Lo confermano i dati, a dispetto di[1] una recente indagine Istat che etichetta[2]
5 come "giovani inattivi" i quasi due milioni di ragazzi (21%) che non studiano, non lavorano né sono impegnati in altre occupazioni.

I numeri del volontariato giovanile
[...] Secondo il CsvNet, Coordinamento nazionale dei Centri di Servizio per il Volontariato, nel 2010 i volontari italiani tra i 14 e i 17 anni sarebbero stati il
10 7,3% (più un 1% rispetto ai dati del 1999) e quelli tra i 17 e i 18 anni sarebbero stati l'11,8% (più 3,4% nell'ultimo decennio). Sempre tra il 1999 e il 2010 la percentuale di giovani impegnati nel volontariato con un'età compresa tra i 20 e i 24 anni è passata da 8,8% a 11,2%. [...] Per il Centro Nazionale per il Volontariato, i volontari in Italia sono più di ottocentomila e il 22,1% di loro ha meno di 30 anni. [...]

15 ### Le motivazioni
Tra le motivazioni principali che spingono[3] i ragazzi a partecipare alle iniziative di volontariato si segnala in primis[4] il bisogno di sentirsi parte di un gruppo (21%), di condividere cioè un'esperienza importante, di cui andare fieri[5], con i coetanei.

Seguono lo spirito di solidarietà verso gli altri e la gratificazione di sentirsi uti-
20 li (16%), i desideri di sentirsi impegnati in progetti nobili e di autorealizzazione (13%) e infine la voglia di impiegare il proprio tempo in attività alternative e costruttive (13%).

Quello che ne deriva è sempre e comunque la percezione di dare valore aggiunto alla propria crescita e alla propria vita, di arricchirle acquisendo anche nuove
25 competenze, capacità relazionali, conoscenze tematiche, magari spendibili sul mercato del lavoro. Insomma fare del bene, facendosi del bene. [...]

Il valore aggiunto del volontariato per la società
In un momento di forte crisi, il volontariato si presenta come una risorsa preziosa perché favorisce la trasmissione di valori fondamentali, perché offre un aiuto
30 concreto ai problemi, perché stimola la crescita di cittadini migliori.

da: Vocazioni.net
http://www.vocazioni.net/index.php?option=com_content&view=article&id=2102:volontariato-giovanile-una-risorsa-per-la-societa-e-per-se-stessi&catid=68:mondo-voc-giugnoluglio-2011&Itemid=349 (testo abbreviato)

---

[1] a dispetto di: *qui: al contrario di*; [2] etichettare come: *qui: chiamare*; [3] spingere a: *qui: motivare*;
[4] in primis: *latino: prima di tutto*; [5] fiero: *stolz*

trentatré **33**

	vero	falso
1. L'articolo è stato pubblicato su un giornale.		
2. Sono sempre più i giovani italiani che si impegnano in progetti sociali.		
3. Tra gli italiani che si impegnano nel volontariato più del 20% ha meno di 30 anni. Così dice una statistica del CsvNet.		
4. L'Istat invece ha pubblicato un'indagine secondo cui anche più di un quarto dei giovani non è attivo, né sul mercato del lavoro, né in altre occupazioni.		
5. Le scuole in generale non favoriscono attività sociali tra gli studenti.		
6. Tra i vari motivi per impegnarsi nel volontariato il più importante è di voler usare il proprio tempo libero in modo costruttivo.		

E2 *Parlare di sondaggi e statistiche*

1. Collega l'espressione italiana a quella tedesca.

1. die Daten bestätigen, dass …	a. oltre il 9 percento dei ragazzi
2. eine starke Zunahme	b. quasi due milioni di ragazzi
3. mehr als 9% der Jugendlichen	c. una recente indagine
4. fast zwei Millionen Jugendliche	d. la percentuale di giovani che …
5. es steigt die Zahl der Jugendlichen, die …	e. una forte crescita
6. der Prozentsatz von Jugendlichen, die …	f. cresce il numero dei giovani che …
7. eine aktuelle Studie	g. i dati confermano che …
8. bezogen auf die Zahlen von 1999	h. il rapporto riferisce che …
9. der Bericht besagt, dass …	i. rispetto ai dati del 1999

2. Per non ripetere tutti i dati esatti se devi riferire i risultati di un'indagine statistica puoi usare anche le seguenti espressioni. Per ogni espressione verbale cerca la percentuale che corrisponde (più o meno) …

1. solo pochi giovani	a. 15%
2. alcuni giovani	b. 98%
3. una minoranza dei giovani	c. 80%
4. circa la metà dei giovani	d. 49%
5. una grande maggioranza dei giovani	e. < 10%
6. la maggior parte dei giovani	f. 60%
7. quasi tutti i giovani	g. 20%

Attenzione: con le percentuali in italiano si usa sempre l'articolo determinativo e il verbo quindi sta al singolare! Esempio: Il 22 percento dei volontari ha meno di 30 anni.

3. Frasi riassuntive. Scrivi sei frasi sulla base dell'articolo in cui usi le espressioni qui sopra.

 E3 *Mediazione*

Una tua amica tedesca ha visto quest'articolo e ti chiede perché tanti giovani italiani si impegnano in progetti sociali. Du zeichnest ihr deshalb ein auf Deutsch beschriftetes Diagramm, in dem die Motive der Jugendlichen und ihre jeweilige Bedeutung sichtbar werden.

Motive für freiwilliges soziales Engagement

34 trentaquattro

Made in Italy

T1 L'Italia in Germania

E1 Le congiunzioni

Indicate con una crocetta se la congiunzione richiede il congiuntivo o l'indicativo.
G → 12.1

	ind.	cong.		ind.	cong.
nonostante che			basta che		
sebbene			perciò		
siccome	x		supposto che		
purché			anche se		
dopo che			a meno che		
a condizione che		x	nel caso che		
affinché			quindi		
allora			mentre		

E2 Strategia: Usare le congiunzioni per migliorare un testo

Migliora questo testo mettendo delle congiunzioni. G → 12.1

La moda è interessante. La moda è un gioco di colori e materiali. Ci dà l'opportunità di sognare. La amiamo.
L'Italia è il paese della moda. La moda fa parte della vita di tutti i giorni.
Le persone stanno molto attente alla maniera di vestirsi. Quando porti un capo nuovo, la gente ti fa i complimenti.
Gli italiani spendono molto per vestirsi. Comprano volentieri capi firmati.
Si tengono informati con giornali e la televisione. Ci sono anche molte vetrine in centro. Anche in piccole città si trovano negozi di stilisti famosi.

E3 Due italiani in Germania

Combina le frasi usando le congiunzioni. Ci sono spesso più possibilità. G → 12.1

Luca Marinelli è uno dei migliori giovani attori italiani. Da qualche mese vive a Berlino.

Ha la ragazza tedesca. Quando c'è da fare un casting prende un aereo e in due ore è a Roma.

Studia il tedesco. Secondo Luca il cinema europeo ha un futuro a Berlino.

Matteo Cocco si muove tra Colonia e Lipsia. È un giovane direttore della fotografia italiano.

Matteo ha finito la scuola cinematografica in Italia. Ha deciso di fare i bagagli e trasferirsi in Germania.

Ha imparato il tedesco. Fa già il direttore della fotografia per registi candidati all'Oscar.

È un vero talento. È uno su cui l'Italia ha investito. L'Italia non l'ha attratto abbastanza da convincerlo a restare.

da: http://www.zingarate.com/network/berlino/i-set.html

E4 Il problema della donna-oggetto

Per vendere prodotti, molte aziende fanno pubblicità con immagini di donne.

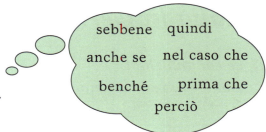

1. Combina le frasi con le congiunzioni adatte. **G → 12.1**

Laura Boldrini, presidente della Camera, è stanca della pubblicità volgare, ... vorrebbe proporre delle regole.

.... i corpi femminili sono fotografati per il gusto maschile, le donne finiscono con l'identificarsi.

.... ci sia stata l'era della liberazione sessuale, l'immagine della donna è rimasta uguale: angelo, madre o donna sexy.

.... molte persone critichino l'uso del corpo femminile nella pubblicità, studi provano che il corpo femminile attira sempre l'attenzione del pubblico.

.... si usa molto volentieri anche un frammento femminile per far conoscere un prodotto.

Le ragazze adolescenti rischiano di avere pensieri negativi sui loro corpi e rischiano di avere disturbi alimentari[1] .... non riescano ad accettare il loro corpo.

.... la massa non cambi comportamento e sensibilità, è difficile risolvere il problema della donna-oggetto.

2. Parlate dell'immagine della donna nella pubblicità del vostro paese. Esiste il problema della donna-oggetto?

E5 Strategia: Usare le costruzioni all'infinito per migliorare un testo

Fai queste frasi più eleganti usando una costruzione all'infinito. **G → 12.2**

Quel giorno era speciale per la modella Michela. Dopo che si era alzata la mattina, ha fatto la doccia. Senza che abbia svegliato il suo compagno Andrea, ha preparato la colazione in cucina. Prima che abbia fatto il caffè, ha messo i biscotti in tavola e ha fatto una spremuta d'arancia.
Prima che sia andata all'agenzia in motorino, è andata a salutare il suo compagno. Dopo che lui si era alzato, ha chiesto a Michela di cenare insieme quella sera. Dopo che era arrivata in agenzia, Michela era nervosa. Perché dovevano cenare insieme? Aveva dimenticato il loro anniversario?
Prima che sia andata al ristorante, si è pettinata e truccata. Anche Andrea si era fatto bello per la serata. Senza che abbia chiesto nulla, Michela ha mangiato la sua pizza preferita. Dopo che aveva pagato la cena, Andrea ha detto a Michela di aver trovato un appartamento da comprare. Così loro hanno deciso di comprare un appartamento a Roma.

[1] il disturbo alimentare: p. es. la bulimia o l'anoressia

T2 Quarant'anni di Benetton: "Così ho colorato il mondo"

E1 *Le parole della moda*

Trova e sottolinea l'intruso!

Corto – elegante – simile – casual
L'imprenditore – il designer – la provincia – il cliente
Ipotizzare – confezionare – fabbricare – produrre
L'anello – l'accessorio – l'orecchino – il marchio
La collezione – il vestito – lo stilista – il tè
Innervosirsi – colorare – abbozzare – disegnare
I giornalisti – la sfilata – l'effetto – la modella

E2 *Come si fa un film in Italia?*

Inserisci le forme del passivo o del si impersonale. **G** → 12.3

La creazione di un film è un lavoro molto più difficile di quanto non si pensi.
È un lavoro lungo e complesso:

1. Come primo passo viene creata (creare) una sceneggiatura.

   .... (scrivere) in modo preciso perché deve contenere tutta la storia.

2. Quando .... (girare) il film, è da evitare l'improvvisazione totale.

3. Completata la sceneggiatura, ... (scrivere) il copione, con le battute di tutti gli attori, nonché le loro azioni.

4. Le riprese .... (fare) non in ordine di tempo della storia. Le scene .... (riprendere) secondo il luogo in cui si svolgono. Quindi .... (proseguire) per vicinanza.

5. Dopo le riprese tutte le parti del film .... (montare) nell'ordine giusto. In questa fase, cruciale, ... (correggere) gli errori e .... (tagliare) le parti troppo lunghe.

Adattato da: http://narutoninjiaaccedemy.forumcommunity.net/?t=6786379

Lezione 12

E3 Esprimere cambiamenti con il passivo

1. Quante cose da fare in una giornata! Scrivi che cosa viene fatto e che cosa è fatto.
G → 12.3

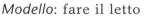

Modello: fare il letto
Il letto viene fatto./Il letto è fatto.

1. vestire il bambino

3. mangiare una mela

4. cuocere gli spaghetti

2. chiudere la porta

2. Anche al lavoro c'era molto da fare. Scrivi che cosa è stato fatto ieri.

lettera – spedire   telefonata – fare   volantini – distribuire   piante – innaffiare

E4 Come nasce un capo dello stilista tedesco Karl Lagerfeld

In origine, l'abito è solo un'idea. Nella casa Chanel ad esempio Karl Lagerfeld realizza la prima bozza, che poi passa ai laboratori degli Atelier. Ecco come nasce un abito. Trasforma le seguenti frasi attive in frasi passive. G → 12.3

Karl Lagerfeld, lo stilista, realizza il disegno del capo.
I collaboratori lo interpretano sotto forma di tela puntandola su un manichino di legno.
Se lo studio approva, manda il campione da ricamare agli Ateliers Lesage e Montex per far realizzare i ricami del vestito.
Realizzati i ricami, gli Ateliers mandano indietro le parti del vestito.
In seguito le sarte ne assemblano le parti.
Per verificarne le proporzioni durante l'assemblaggio, si fa la prova su un manichino di legno.
Le sarte fanno gli ultimi ritocchi e finiscono l'abito.
Al fine di verificarne un'ultima volta le proporzioni volute da Karl Lagerfeld, una modella prova il vestito.

E5 Consigli per uno stile elegantissimo

*Che cosa bisogna fare per un look perfetto? Ecco alcuni consigli. Inserisci le forme del passivo con **andare**.* **G** → EG22 (In piazza A), **G** → 12.3 (In piazza B)

.... (scegliere) un look che sia adatto[1] alla tua età. Non vuoi sembrare né una bambina né una signora, vero?

.... (curare) i dettagli come gli accessori! Rendono il tuo stile individuale e divertente.

Per esempio le scarpe .... (abbinare) con la cintura o la borsa[2]. Ma non fermarti lì!

I grandi stilisti sottolineano l'eleganza delle loro creazioni anche con il trucco e lo smalto[3] colorato. Le loro idee .... (applicare) alla vita di tutti i giorni.

Per la scuola .... (portare) un trucco semplice e naturale, ma quando esci la sera .... (esprimere) tutta la tua voglia di sperimentare[4]!

.... (ricordare) che rispettando le regole vai sul sicuro. Una volta che le conosci puoi anche scegliere di ignorarle.

E6 Ripasso: Il si passivante – Salutarsi in italiano

Completa il testo con il si impersonale o il si passivante. Attenzione ai tempi!
G → 4.11, 12.3

Nella lingua parlata la formula di saluto che .... (sentire) pronunciare più spesso è *ciao*, che .... (utilizzare) all'inizio e alla fine di un incontro fra persone che si danno del tu[5]. Saluto informale per eccellenza, ... (adoperare[6]), erroneamente, anche in contesti comunicativi che richiederebbero[7] decisamente la formalità.

Anche *buongiorno* e *buonasera* .... (utilizzare) come formule di saluto sia nel momento dell'incontro sia in quello del congedo[8]. Specialmente all'inizio di un'interazione comunicativa, ... (avere) forme miste come "Ciao, buongiorno" o "Ciao, buonasera", che propongono fin da subito un tono non formale. *Buongiorno* .... (usare) come saluto augurale[9] il mattino o comunque prima che viene la sera.

---

[1] adatto agg.: *appropriato, adeguato (cf. inglese appropriate)*; [2] la borsa: *dove metti le chiavi di casa, il portafogli, i fazzolettini ecc.*; [3] lo smalto: *liquido per colorare le unghie della mano*; [4] sperimentare: *fare uno sperimento, provare qc.*; [5] darsi del tu ≠ darsi del Lei; [6] adoperare: *utilizzare*; [7] richiedere: *avere bisogno di, necessitare*; [8] il congedo: *la partenza, l'addio*; [9] augurale agg.: *cf. l'augurio*

trentanove ....

Il momento della giornata in cui .... (passare) da *buongiorno* a *buonasera* varia in senso geografico: in Toscana .... (salutarsi) con *buonasera* già dal primo pomeriggio, mentre in Sardegna la *buonasera* .... (dare) dopo aver consumato il pranzo, indipendentemente dall'ora.

Buondì equivale a *buongiorno*, ma .... (dovere – condizionale) rivolgere a persone con le quali .... (avere) almeno una certa confidenza[1]. Decisamente raro è *buon pomeriggio*, che .... (usare) quasi esclusivamente in televisione.

Tono neutro per *salve*, che un tempo .... (pronunciare – imperfetto) per augurare buona salute e al quale oggi .... (ricorrere) quando .... (essere) incerti sul registro, formale o informale, da usare con l'interlocutore[2]. Comunque .... (potere) usare in tutti i momenti del giorno per salutare all'inizio di un incontro.

Addio è un po' in declino[3]: .... (utilizzare) nello standard solo come saluto enfatico, prima di una separazione definitiva. Sopravvive in Toscana, soprattutto in bocca a persone anziane, nel senso di *arrivederci*. Quest'ultima è una formula di saluto conclusiva e informale (o comunque meno formale di *arrivederla*). Può essere seguita da *a presto* con cui .... (esprimere) il desiderio di rivedersi, non sempre realizzabile o autentico.

da: http://linguista.blogautore.repubblica.it/2009/06/14/salutarsi-in-italiano/

E7 *Descrivere un'immagine pubblicitaria*

Descrivete l'immagine per iscritto. Poi ipotizzate che effetto avrà su un consumatore medio. Alla fine date la vostra opinione sulla pubblicità. Vi piace? Perché (no)?

[1] la confidenza: *la familiarità*; [2] l'interlocutore: *persona a cui ci si rivolge parlando*;
[3] il declino: la diminuzione, cf. inglese: decline

T3 Renzo Piano: un architetto per il mondo

E1 Una mappa mentale: L'architettura
Fate una mappa mentale sul tema dell'

E2 Le forme del gerundio
Scrivi le forme del gerundio presente e del gerundio passato. G → 12.4

verbo all' infinito	gerundio presente	gerundio passato	verbo all' infinito	gerundio presente	gerundio passato
amare			chiedere		
prendere			essere		
negare			capire		
partire			correre		
parlare			vestirsi		

E3 Parlando di architettura e design …
Completa i seguenti dialoghi con la forma adatta del gerundio presente. G → 12.4

1. Renzo: Non so se mi piace questo palazzo. Sembra molto buio.
   Carlo: Beh, sì, hai ragione, ma .... (aggiungere) una vetrata[1] lo possiamo migliorare!
   Renzo: Perfetto!

2. Achille: Questo mobile è immobile, vorrei una stanza più dinamica.
   Stagista: Come possiamo fare? Ci vuole un tavolo!
   Achille: .... (rendere) il tavolo mobile possiamo ottenere un effetto interessantissimo!

3. Giò: Questa pietra[2] sarebbe bella, ma molto costosa …
   Franco: Forse potremmo salvare denaro .... (utilizzare) un altro materiale più economico.

4. Chiara: Ci sono dei clienti poco contenti perché non gli piace il progetto per la loro nuova villa.
   Francesco: Oh no! .... (volere) sempre accontentare[3] i nostri clienti, dovremo cambiare il progetto.

5. Valentina: Che bella chiesa! Come avranno fatto a costruirla?
   Alessandro: .... (reagire) alla nascita della chiesa protestante, gli architetti della controriforma[4] si sono impegnati tanto per esprimere la superiorità[5] della chiesa romana. È incredibile davvero.

---

[1] la vetrata: *chiusura a vetri*; [2] la pietra: *per esempio il marmo*; [3] accontentare: *rendere contento qn*;
[4] la controriforma: *die Gegenreformation*; [5] la superiorità: *sostantivo, agg. superiore*

E4 *Un concerto di Francesco Guccini*

Un amico italiano vi consiglia Francesco Guccini, un cantautore italiano.
Trasforma le seguenti frasi usando il gerundio. **G** → 12.4

1. Francesco Guccini è un famoso cantautore italiano. Siccome lo conoscono tutti, molti italiani sono andati ai suoi concerti.
2. Anch'io sono stato a molti suoi concerti e ti posso consigliare di andarci.
3. Tu capirai la sua fama se hai sentito un suo concerto.
4. Sono stato già a molti concerti suoi, perciò non ti accompagno questa volta.
5. Maria è molto interessata di musica, lei verrà sicuramente con te.
6. Se te lo compri subito, il biglietto ti è sicuro.

E5 *Il musicista Ludovico Einaudi parla di sé*

Scrivi le frasi senza usare il gerundio. **G** → 12.4

1. Parlando spesso al cuore, la musica trasforma chi l'ascolta.
2. Collaborando con altri musicisti, mi diverto molto.
3. Amando la musica, ogni altro lavoro per me sarebbe stato una scelta drammatica.
4. Aprendomi alla musica anche di altre culture, faccio un viaggio dentro la nostra storia.
5. Avendo un pubblico attento e fedele, mi piace fare concerti.
6. Suonando mi guadagno la vita – mi sento fortunato per questo.
7. Sono diventato bravo avendo avuto bravi insegnanti.

E6 *Tante tentazioni nelle vetrine*

Elena fa un giro al centro di Milano e vede tante cose belle nelle vetrine. Metti le forme del gerundio con pronome oggetto. **G** → 12.5

1. Non so se comprare <u>questa borsa Prada</u>. ....

   (comprare) spenderei tutti i miei soldi per questo mese ...

2. Mi piacciono <u>queste scarpe Ferragamo</u>. Anche ....

   (abbinare) con i miei jeans sarei elegantissima!

3. Quanto sono carini <u>questi orecchini</u>! .... (immaginare)

   con il mio vestito nero mi sento battere il cuore!

4. Quant'è buono <u>questo profumo</u>! .... (portare) mi

   sentirei una regina!

5. Com'è interessante <u>questo libro</u> su Coco Chanel! ....

   (leggere) forse imparo qualcosa ...

6. Adoro <u>i cioccolatini</u> di questa pasticceria! .... (mangiare)

   sarò così felice che posso rinunciare alla borsa.

Kompetenzorientierte Aufgaben

E1 *Scrivere*

Sei un/a giornalista di moda. Scrivi un articolo sulla moda da uomo/da donna attuale.

Ecco alcune espressioni utili: indossare – abbinare – portare – (non) andare bene con – andare di moda – essere fuori moda – fare bella/brutta figura

E2 *Piano: "Porto l'Italia a Boston"*

L'architetto genovese parla della sua nuova ala creata per l'Isabella Stewart Gardner Museum, della città del Massachusetts. Apertura prevista il 19 gennaio

Renzo Piano (...) oggi inaugura il nuovo edificio (...) dell'Isabella Gardner Museum. A Manhattan ha controllato i cantieri del campus della Columbia University e la nuova sede del Whitney Museum, che sorgerà di fronte allo studio newyorkese accanto alla Highline. Qui campeggiano anche i disegni della biblioteca e dell'Opera che sovrasteranno il porto di Atene e del grattacielo che verrà inaugurato a Londra in occasione delle Olimpiadi e che, con i suoi trecento metri, sarà il più alto d'Europa. Edifici estremamente diversi, eppure segnati dallo stile inconfondibile dell'architetto, e forse anche da qualcosa di più intimo e profondo, che Piano stesso definisce "l'italianità". "Non voglio che l'uso di questo termine abbia nulla di nazionalistico o retorico", spiega. "Quello di cui parlo è una scia, una traccia di italianità. Lo affermo con la massima umiltà, come un nano sulle spalle di giganti, ma mi sento parte di una tradizione che si è sempre sforzata di cogliere le sfumature tra le cose, di cercare il rapporto tra scienza e arte, tra memoria e slancio. Di chi ha avuto il gusto della leggerezza e dell'esplorazione. Sto parlando di una tradizione umanistica di cui dobbiamo andare fieri, ma che, ripeto, ha a che fare più con la leggerezza che con la nazionalità. Nel mio caso questa italianità si declina anche in una dimensione europea – vivo a Parigi da molti anni – e mediterranea".

Qual è stata la sfida maggiore relativa all'Isabella Gardner Museum?

"È necessario comprendere prima chi fosse il personaggio: una newyorkese bizzarra, ma visionaria e di grande personalità, che nella seconda metà dell'Ottocento si trasferì a Boston dove sposò un miliardario. Qui, nel 1903, edificò un palazzo in stile veneziano, ma riuscì ad evitare il kitsch grazie all'accuratezza storica e ai pezzi straordinari della collezione d'arte, per la quale si avvalse della consulenza di Bernard Berenson: opere di Raffaello, Tiziano, Paolo Uccello, Piero della Francesca, Giorgione, Botticelli, oltre ai quadri rubati nel famoso furto del 1990, Vermeer, Rembrandt, Degas e Manet. La Gardner lasciò scritto nel testamento che non si sarebbe potuto toccare nulla dell'edificio, né spostare alcun quadro. Uno dei problemi che ho affrontato con Emanuela Baglietto, uno dei partner del mio ufficio, è stato risolvere questo problema legale, e la soluzione è stata molto italiana: abbiamo pensato di collegare la nuova costruzione con un corridoio, che chiamo cordone ombelicale, in modo che le opere possano essere mostrate nel nuovo spazio espositivo senza uscire dal palazzo. Tuttavia il maggiore problema è stato quello che si ha sempre quando si interviene su istituzioni importanti: l'affetto nei confronti del preesistente, che rischia di trasformarsi in venerazione. Ritengo sia fondamentale non sottrarre linfa vitale a quello che c'è già senza tuttavia paralizzarsi."

quarantatré 43

Il nuovo edificio ha una dominante verde.

"È un colore tipico di Boston, ma non è dipinto, si tratta del materiale utilizzato: rame ossidato. La nuova costruzione ha una sala per concerti sviluppata in verticale, in modo che chiunque rimanga vicino ai musicisti e possa sentire il fiato degli strumenti ed il vibrare delle corde; una serra, due appartamenti per gli artisti residenti, uno spazio dedicato all'educazione, una sala espositiva e un grande scalone interno, trasparente, che affaccia sul vecchio palazzo, l'oggetto del esiderio. Gli elementi guida sono stati la luce e il suono, tenendo sempre a mente che caratteristica dei musei è quella di lavorare sulla durata, e costruire spazio per opere che sono tolte dal tempo reale e poste fuori dal tempo. Ciò si integra in un discorso generale sull'architettura, che vive di tempi lunghi: è il tempo che rende le cose belle, ed il classico di oggi è stato moderno quando è stato realizzato. Il mio amico Luciano Berio, del quale verrà eseguita all'inaugurazione la Sequenza VII per oboe, diceva che l'architettura vive di tempi lunghi, come le montagne e i fiumi."

Lei ha suonato anche la tromba: vede affinità tra la musica e l'architettura?

"Obbediscono entrambe alla stessa ansia di precisione e geometria. Precisione che l'architetto come il musicista si diverte a buttare all'aria."

Qual è il rapporto che a suo parere si deve tenere con il passato?

"È necessario avere una sincera e leale gratitudine, ma anche una ferma volontà di ribellione. Quando ho iniziato a occuparmi di questo progetto mi hanno colpito la luce e l'atmosfera italiana del palazzo che aveva voluto la Gardner, e come mi è accaduto in passato ho voluto assorbire, studiare, far mio quello che vedevo per poi dimenticare. Solo allora si può creare, seguendo il linguaggio del proprio tempo."

Scott Fitzgerald diceva che "il passato non si può ripetere".

"Io amo citare il finale del Grande Gatsby: 'Così continuiamo a remare, barche contro corrente, risospinti senza posa nel passato'."

Antonio Monda, http://viaggi.repubblica.it/articolo/piano-porto-l-italia-a-boston/225087

1. Orientarsi nel testo. Scrivete le righe.

Dove si parla ...
1. del concetto dell'italianità?
2. della signora Gardner, fondatrice del Museo Isabella Gardner?
3. del rapporto che Piano ha con il passato?
4. degli edifici che ha fatto costruire Piano?
5. dei nuovi spazi del museo Gardner?

2. Vero o falso? Se è necessario, correggete le frasi.

1. A Boston, Piano ha costruito la nuova sede del Whitney Museum.
2. Renzo Piano crea edifici che sono segnati dall'italianità.
3. L'italianità per Piano è una tradizione che cerca soltanto una cosa: l'arte.
4. Isabella Gardner fa edificare un edificio in stile veneziano a Boston.
5. C'è un problema legale perché la Gardner ha scritto nel suo testamento che non si può toccare nulla del suo edificio.
6. Il colore tipico di Boston è il blu, perciò Piano l'ha utilizzato per il nuovo edificio.
7. L'architettura vive di tempi lunghi, vuol dire che è il tempo che rende le cose belle.
8. A Piano piacciono la musica, la precisione e la geografia.
9. Piano non si interessa del passato e crea soltanto seguendo lo stile del proprio tempo.

E3 *Mediazione: Textilstadt Prato. „Made in Italy" – Der Etikettenschwindel*

Il tuo amico italiano ha visto il seguente articolo sul giornale. Ti chiede di riassumerlo in italiano perché vorrebbe fare una presentazione su Prato a scuola. Scrivigli un'e-mail con il tuo riassunto.

Pronto moda. Schnelle Mode – so nennt sich, was die Chinesen in Italien herstellen: schnell gemacht, schnell verkauft, Hauptsache billig.

In den Kleidern, Jacken, Mänteln steht „Made in Italy". Und das stimmt sogar. Sonst aber nichts: In der Textilstadt Prato hat sich eine chinesische Parallelwelt gebildet. Sie beschäftigt illegale Arbeiter und macht ihre eigenen Gesetze.

(...) Die Straßen hier sind nach Kalabrien und Piemont, Apulien und dem Veneto benannt. Es ist das italienische Viertel – doch Italiener gibt es hier nicht mehr. Im Industriedistrikt der toskanischen Textilstadt Prato reihen sich chinesische Läden aneinander, die verkaufen, was in den rückwärtigen Fabriken produziert wird.

Junge Chinesen begleiten potenzielle Einkäufer lächelnd, aber auch misstrauisch zu den Waren. Sie nennen Preise von fünf, sechs, acht Euro pro Kleidungsstück, und sie weisen auf die Etiketten hin, die nach außen geklappt sind: „Made in Italy" steht da oder: „zu 100 Prozent in Italien gefertigt". Was stimmt. Aber es ist ein chinesisches Italien.

Roberto Cenni, der Bürgermeister des anderen, des italienischen Prato, residiert unter einem bunten, hoch gewölbten Freskenhimmel. Zum Fenster schaut die Statue von Francesco Datini herein, jenes mittelalterlichen Tuchmachers, Händlers und Spekulanten, der das Urbild des Prateser Industriellen darstellt. Mit Unternehmern seines Schlags ist Prato groß geworden, Textilzentrum Europas, Weltmonopolist gar bei einigen Stoffen. Bis China kam. Und die Krise.

„Unsere Situation", sagt der Bürgermeister, „ist einzigartig in Europa. Normalerweise kommen Ausländer ins Land, wenn man Arbeitskräfte braucht. Prato aber hat massiv an Arbeitsplätzen verloren, und zur selben Zeit sind immer mehr Chinesen eingewandert." Praktisch aus dem Nichts hätten sie eine komplett eigene Wirtschaft aufgebaut, so dass es in Prato nun zwei Industriedistrikte gebe: einen chinesischen und einen italienischen. (...) Mit geschätzten zwei Milliarden Euro erzielen Pratos Chinesen heute fast genau den Jahresumsatz, den die Pratesi selbst verloren haben. Und eine Krise kennen die Zuwanderer nicht, im Gegenteil. 20.000 von ihnen leben legal in der Stadt, weitere 25.000 oder gar 30.000 sind illegal da, Schwarzarbeiter, die ausgebeutet werden. Prato ist damit zu einem Viertel chinesisch.

„Die Chinesen sind so nette Leute", sagt eine Frau auf dem Domplatz der Stadt. Fleißig seien sie und fröhlich. „Sie stehlen nicht, verkaufen unseren Kindern keine Drogen, überfallen sich höchstens gegenseitig." Doch sie sagt auch: „Sie machen unsere Stadt kaputt. Sie kaufen alles auf. Bald sieht's hier aus wie in Hongkong." Und jeder spricht vom Reichtum, den manche Chinesen zur Schau stellen. „Wenn Sie drei Porsche Cayenne sehen, dann können Sie Gift drauf nehmen: Die sind alle drei von Chinesen", sagt ein Unternehmer. „Und unsere Arbeitslosen müssen von der Rente ihrer Eltern leben", ergänzt ein Textilingenieur. „Das können sich die Chinesen alles nur leisten, weil sie auf die Gesetze pfeifen und keine Steuern zahlen", sagt eine Lehrerin.

Der Bürgermeister hat versucht, die ärgsten Alltagskonflikte per Dekret einzudämmen: Ladenschilder müssen auch in Italienisch abgefasst sein; das geruchsintensive Trocknen von Fleisch und Fisch auf den Balkonen ist verboten, und gleich außerhalb der mittelalterlichen Stadtmauer, wo Chinatown beginnt, ist nun um 24 Uhr Sperrstunde für alle Geschäfte. Das italienische Prato sperrt um 19 Uhr 30 zu. (...)
Es gibt Vorschläge, wie Pratos Chinatown aus der Illegalität geholt werden könnte. Die Rechtspopulisten von der Lega Nord sagen, man müsste nur mal das größte Industriegebiet abriegeln, jeden Lastwagen kontrollieren und das Fehlen von Dokumenten unverzüglich mit Geldbußen ahnden. Marini sagt, innerhalb von zwei Wochen könnte man damit die ganze chinesische Produktionsmaschinerie aushungern. Aber das wolle die Regierung in Rom nicht, um die Beziehungen zu China nicht zu beschädigen.
Womöglich wollen es auch die Pratesi nicht: Es wäre der Anfang eines Handelskriegs, den sie kaum gewinnen werden.

Paul Kreiner, http://www.tagesspiegel.de/wirtschaft/textilstadt-prato-made-in-italy-der-etikettenschwindel/3682236.html; 02.04.2011.

E4 *Parlare*

a. Un monologo: Descrivere un'immagine
Lavora con un partner. A descrive la sua foto a B, B ascolta. Poi B descrive la sua foto a A.

A:    B:

b. Un dialogo: Discussione
1. Secondo te, quale messaggio potrebbe avere la tua foto? Parlane con il tuo partner.
2. Poi discuti con il tuo partner la seguente questione, tratta da un blog italiano:
Per molti ragazzi è importante seguire la moda e indossare vestiti firmati. Qual è la vostra opinione a proposito?

E5 *Miss Italia – un concorso di bellezza*

11 – 15   Ascolterete la storia del concorso di Miss Italia.
1. Prima dell'ascolto: che cosa sai dei concorsi di bellezza? Fai una mappa mentale.
2. Durante l'ascolto: prendi appunti delle informazioni più importanti del concorso. Perché le ragazze partecipano?
3. Dopo l'ascolto: racconta ciò che hai capito al tuo partner. Paragonate poi i vostri riassunti. Infine discutete: un concorso di bellezza è un'occasione per trovare lavoro?

→*Faccia a faccia – Miss Italia 2012 (pag. 79)*

Il mondo del lavoro

Ingresso

E1 *Professioni e mestieri*

1. In due: descrivete le professioni e i mestieri rappresentati. Paragonateli anche per quanto concerne la formazione necessaria, il (tipico) luogo di lavoro, il (tipico) salario[1], gli orari di lavoro, ecc. Conoscete persone che fanno uno di questi lavori?

2. Quale tra questi lavori non vi piacerebbe fare? Esponete perché e preparate una breve presentazione in classe sulla base degli appunti scritti.

E2 *Uno e uno fa uno*

Alcuni nomi di mestieri sono composti, cioè contengono due parole. Abbina.
Modello: *lo spazzacamino*

~~spazza~~ – lava – ~~camino~~ – cuoco – ragazza – capo – tutto – fare – piatti

E3 *In cerca dell'esperto*

Dalle seguenti cose o attività puoi ricostruire la persona che se ne occupa.
1. Individua la denominazione della professione (colonna "la persona")!
2. Descrivi in una frase che cosa fa (colonna "l'attività")!

il suffisso		la persona	l'attività
-aio / -aia	libro	il libraio / la libraia	Vende libri.
	fiore		
	giornale		
-tore / -trice	lavorare		
	organizzare		
	pescare		
-iere / -iera	giardino		
	camera		
	gondola		
-ista (m/f)	arte		
	farmacia		
	giornale		
-ante (m/f)	rappresentare		
	insegnare		
	commercio		

[1] il salario: *il denaro che un impiegato riceve per il suo lavoro*

Lezione 13

T1 *Persone diverse – mestieri diversi*

E1 *C'era una volta ... un padrone[1] che comandava*

Correggi le forme sbagliate del congiuntivo. **G** → 13.2
Poi metti insieme le frasi sul padrone esigente …

	il suo impiegato *finesse*	la verità sulla bassa qualità del prodotto.
	i clienti *accettasero*	meno esigenti[3].
Il padrone[1] voleva che	voi *prepareraste*	i nuovi prezzi.
	noi *stassimo*	il progetto con cura.
	tu, Anna, non *dissi*	in ufficio fino a tardi.
	la segretaria *scrivisse*	i lavori senza protesta.
	i sindacati[2] *fossimo*	la lettera in inglese.

→*Faccia a faccia – Tra famiglia e ragazza (pag. 80)*

E2 *Dal blog "Mestieredimamma"*

1. Leggi il testo che Elisa Arturo ha pubblicato sul suo blog e inserisci i verbi dalla nuvola. **G** → 13.1, 13.2, 13.3

Conciliare lavoro e famiglia era sempre una sfida[4] per una mamma che ....*avesse*....... anche delle ambizioni professionali e delle esigenze[5] economiche.

seguissi   dovesse   riconoscessero   stessero   sia riuscita   compisse   cresca

Come ogni mamma ho la mia storia, più o meno fortunata.

Dubito se fino ad oggi io .... a conciliare famiglia e lavoro, ma ci sto provando ancora, con tanti alti e bassi.

La faccio breve: avevo un contratto a tempo indeterminato[6] e facevo l'assistente di direzione. Il titolare[7] voleva che io .... un progetto partico-lare. Ottima azienda, bel ruolo.

Poi ho avuto due figlie. Dopo la seconda ho avuto quest'alternativa: o full-time o niente. Purtroppo non potevo contare su aiuti familiari e mio marito lavora a 100 km da casa. Non volevo che le mie bimbe .... da una baby sitter fino a sera dopo otto ore di asilo nido; avevo paura che non mi .... più. Per questo mi sono licenziata[8] prima che Cecilia, la mia seconda bimba, ... un anno.

Il mio progetto era di andare ad insegnare perché mi sentivo portata per quel tipo di lavoro, quindi prima di licenziarmi avevo fatto due esami che mi permettevano

---

[1] il padrone: *il capo di un'azienda o una ditta*; [2] il sindacato: *Gewerkschaft*; [3] esigente: *anspruchsvoll*;
[4] la sfida: *Herausforderung*; [5] l'esigenza: *Anspruch*; [6] il contratto a tempo indeterminato: *unbefristeter (Arbeits-)Vertrag*;
[7] il titolare: *il proprietario, il padrone di un'azienda o un negozio*; [8] licenziare qn: *finire il contratto di lavoro*

di insegnare alle scuole medie (le uniche con qualche possibilità di lavorare).
Ovviamente la scuola non mi ha chiamata, e io mi sono trovata altro da fare:
alcuni mesi come segretaria, poi qualche contratto a progetto qua e là, niente di
entusiasmante, ma si fa.

Nel frattempo sono stata rapita[1] dalla passione per il web, per il mondo dei blog e
dei social network e ho aperto questo blog, solo per voglia di scrivere, di raccon-
tarmi, di comunicare.

Poi pensavo che .... essere possibile guadagnare qualche
euro in questo modo. Adesso lavoro da casa come free-lance[2], in un angolo del
soggiorno: scrivo per vari portali online, curo profili di aziende e brand sui social
network, seguendo alcuni aspetti di marketing online. Prima mi stressavano i tito-
lari, adesso mi stresso da sola!

Mestieredimamma per me è tuttavia uno spazio di condivisione di idee, di
esperienze, di scoperte. Spero che .... come un piccolo
orticello[3]. Intanto lo annaffio[4] ogni giorno.

http://www.mestieredimamma.it/about/conciliare-lavoro-e-famiglia-grazie-al-web/ [abbreviato e adattato]

2. Riassumi brevemente il percorso professionale di Elisa Artuso.

E3 *Il mestiere di mamma – ieri*

*Una volta la gente aveva idee ben precise su come "il mestiere di madre" andava fatto.
Metti i verbi indicati al congiuntivo imperfetto.* **G** → 13.2

1. Il padre tipico voleva che sua moglie .... (stare) a casa e lo
   .... (aspettare) la sera con la cena pronta.

2. Durante la giornata bastava che lei .... (educare) i figli e
   .... (pulire) la casa. Che non era poco però!

3. Secondo l'opinione pubblica era normale che il capo della famiglia
   .... (uscire) a guadagnare i soldi.

4. Era quasi impossibile che una donna sposata .... (lavorare)
   fuori casa.

5. Benché allora le idee sul ruolo della madre .... (essere) ben
   chiare probabilmente non tutte le donne erano contente della loro situazione.

6. Solo a condizione che il marito .... (dare) il suo permesso
   la donna poteva eseguire una professione.

7. Forse alcune donne già allora si auguravano che .... (vivere)
   in condizioni più aperte.

---

[1] rapire, -isco: *rauben, mitreißen*; [2] free-lance: *una persona che lavora in proprio*; [3] l'orto: *il giardino*;
[4] innaffiare: *mettere acqua (sulle piante)*

quarantanove **49**

E4 Il mercato del lavoro nel 2018 – prospettiva zero?

Le esperienze di Stefano, un laureato in filosofia senza lavoro, non sono molto positive.
Completa queste frasi con il verbo adatto al congiuntivo presente, passato, imperfetto o
trapassato. **G** → 11.2, 11.3, 11.4, 13.2, 13.4

promettere   accettare   trovare
essere   dire   restare
studiare   finire   dare   perdere

1. Prima che Stefano .... gli studi universitari aveva
   sempre l'idea di poter insegnare in una scuola superiore. Ma non c'era nemmeno
   un concorso. Adesso è senza lavoro fisso già da un anno.

2. Benché all'inizio il governo nuovo .... di creare
   posti di lavoro, ci sono ancora molti disoccupati.

3. Nonostante i suoi voti eccellenti anche il fratello di Stefano ha paura che non
   .... un posto fisso.

4. Stefano dice: "In tutto quel tempo mia madre sperava che io non
   .... l'ottimismo di trovare un nuovo impiego. In verità io
   ero pessimista sebbene non glielo ...."

5. Secondo alcuni esperti bisogna che i giovani .... anche
   contratti a tempo determinato. – Stefano lo farebbe di certo!

6. Una volta la gente credeva che una laurea .... la sicurezza
   di fare una bella carriera. Ma ovviamente non è (più) così.

7. Stefano si ricorda: "I miei genitori non desideravano che noi figli ....
   .... all'estero. Avevano paura che poi noi ....
   .... lontano da casa nostra."

T2 Il lavoro precario: l'esperienza in un call-center

 E1 *Il lavoro dei sogni? Io l'ho trovato così.*

Leggi la storia di Eleonora Bruno. Mancano però alcuni verbi al passato (indicativo). Inseriscili decidendo se deve essere passato prossimo o imperfetto. **G** →8.3

Eleonora Bruno, 27 anni, barese, biologa marina. Ho sempre sognato di impegnarmi per la difesa dell'ambiente, fin da quando – .... (avere) sei anni – i miei zii mi hanno regalato l'iscrizione al WWF. .... (volere) fare la biologa.

Il mio percorso. Dopo la laurea triennale in biologia ambientale all'Università di Bari .... (decidere) di andare all'estero per specializzarmi in biologia marina. .... (scegliere) l'Università di Copenaghen perché .... (avere) un ottimo ranking. .... (volere) perfezionare il mio inglese, studiare in un'altra lingua e confrontarmi con metodi didattici diversi.

Per inserirmi meglio, sono anche andata a scuola di danese. Non è stato facile ricominciare da zero, a 2.500 chilometri da casa. Quando .... (arrivare) a Copenaghen non .... (conoscere) nessuno e ho dovuto fare affidamento sulle mie sole forze. Al mattino seguire le lezioni in facoltà, al pomeriggio a scuola di danese e la sera a insegnare italiano per guadagnare qualcosa.

In Danimarca conta soltanto quello che sei e l'impegno che metti nello studio e nel lavoro. È una società fortemente meritocratica[1], a tutti i livelli. Tutti pedalano, e non è una battuta[2], perché ogni giorno a Copenaghen si muovono 150mila persone in bicicletta.

All'inizio .... (essere) difficile comprendere come funziona l'università. L'ostacolo[3] più grande .... (essere) scegliere il progetto di tesi sperimentale: nel mio caso è stato determinante il consiglio di un professore italiano che conosce molto bene i meccanismi del mondo accademico danese. [...]

Oggi sono dottoranda (Ph.D. student) in biologia marina e acquacoltura al Politecnico della Danimarca e sono molto soddisfatta della mia attività di ricerca. Lavoro con un ottimo team di scienziati per sviluppare un nutrimento[4] naturale per le larve dei pesci allevati in acquacoltura: in futuro, grazie a questo lavoro potremo mangiare pesce d'allevamento nutrito in modo naturale, come quello pescato.

Il mio consiglio. Per fare il ricercatore è importante non arrendersi[5] mai, anche quando tutto sembra nero e impossibile. Credere nelle proprie scelte e avere fiducia in se stessi[6] e, infine, mettere in conto tanti sacrifici. Ma ne vale la pena.

http://www.focus.it/cultura/offro-lavoro-dei-sogni_C12.aspx [adattato]

[1] meritocratico: *che dipende dal merito, cioè da quello che una persona riesce a fare a base delle proprie forze*;
[2] la battuta: *hier: eine geistreiche Formulierung*; 3 l'ostacolo: *Hindernis*; 4 il nutrimento: *Futter*
[5] arrendersi: *perdere la speranza*; [6] la fiducia in sé: *Selbstvertrauen*

cinquantuno **51**

E2 Campo semantico: l'università e la ricerca

1. Questa è una nuvola di parole del testo su Eleonora. Paragona il concetto di una nuvola di parole con una mappa concettuale.

2. Rintraccia nella grafica i termini del campo semantico "università e ricerca". Spiega almeno cinque parole usandole in una frase!

Modello: La laurea è un titolo di studio./Se hai la laurea, non devi studiare più.

 ## E3 Curriculum vitae

Mettiti al posto di Eleonora che scrive il suo curriculum vitae. (→ Strategia 4.2) Inventa i dettagli che il testo non fornisce (ad esempio: la sua data di nascita).

 ## E4 Analizzare il successo

Esamina le cause del successo di Eleonora (→ E1, p. 51). Presenta poi oralmente le tue riflessioni.

E5 La delusione di Marta

Da alcuni mesi Marta, la protagonista del film "Tutta la vita davanti" (→ *libro In piazza, lezione 13, T2, E11*), lavora in un call-center come telefonista. Lei è brava, però si accorge velocemente che qualcosa non va in quest'azienda e vuole andare via ... Un giorno sull'autobus Marta si ricorda delle "belle parole" che il capo dell'azienda le aveva detto all'inizio.

1. Trasforma le "belle parole" del capo nel discorso indiretto. **G** → 13.6, 13.7

Modello: Capo: "Marta, sono un capo molto allegro."
Marta: "Ha detto che era un capo molto allegro."

1. "Sei una ragazza molto intelligente."
2. "Parli molte lingue. Siamo contenti di averti qui."
3. "Hai fatto bene a studiare all'università."
4. "Ora hai scelto l'azienda giusta."
5. "Ti vogliamo come telefonista."
6. "Presto ti pagherò meglio."
7. "Ora e il prossimo mese io ti darò una mano."
8. "Lavora con noi!"

2. Ti vengono in mente altre "belle parole" del capo del call-center di cui Marta potrebbe ricordarsi? Elenca almeno tre frasi.

Kompetenzorientierte Aufgaben

Lezione 13

E1 Campo semantico "Il primo posto di lavoro"
Rintraccia il significato dei termini.

Modello: Uno stage ... → ... è un'esperienza di lavoro pratica.

1. Il curriculum vitae (CV) ...
2. Un contratto a tempo determinato ...
3. Uno stipendio ...
4. Un colloquio ...
5. Una casa editrice ...
6. Un collaboratore ...

... può essere 1.000 euro al mese.

... lavora con te.

... è una conversazione spesso necessaria per cominciare un lavoro.

... finisce dopo alcuni mesi oppure anni.

... elenca tutte le attività di studio e esperienze di lavoro di una persona.

... pubblica libri oppure giornali.

E2 Laurea – e poi?
6 – 18

Dopo il conseguimento della laurea, non per tutti si aprono subito le porte del mondo del lavoro. Per molti la ricerca risulta lunga e difficile. Ecco alcune testimonianze di lavoratori precari (nell'anno 2009).

Ascolta quello che raccontano tre giovani italiani, Mario, Carlotta e Luna, e individua per chi l'affermazione è giusta.

Affermazione:	Mario	Carlotta	Luna
1. Ha lavorato in un call center.			X
2. Ha studiato alla facoltà di lettere e lingue.		X	X
3. Avrebbe potuto lavorare all'università.	X		
4. È stato/a senza lavoro.	X	X	X
5. Ora ha un lavoro.	X		X
6. Vuole lasciare l'Italia.		X	
7. Guadagna poco, ma il suo lavoro è interessante.			X

E3 Andare all'estero?

Siccome la situazione sul mercato del lavoro è difficile anche per persone come questi tre laureati, alcuni giovani sono pronti a lasciare l'Italia e cercare lavoro ad esempio in Germania. Che ne pensi tu? Sarebbe un'alternativa per Mario, Carlotta o Luna? Esponi la tua opinione!

cinquantatré **53**

E4 *Un tirocinio in Germania?*

Mario ha un fratello minore, Roberto, che è al quinto anno della scuola superiore e si sta preparando all'esame di maturità. Ora riflette sulla possibilità di cercare un posto di lavoro e formazione professionale in Germania. Ha sentito dire che lì le aziende offrono "Lehrstellen" e ti chiede una spiegazione. Il suo sogno è diventare meccanico specializzato nel settore dell'industria automobilistica. In Internet ha trovato informazioni, però solo in tedesco.

Struktur der dualen Ausbildung

Ausbildung im Betrieb
Der praktische Teil der Ausbildung bildet die Grundlage für die duale Ausbildung. In der Regel arbeitet der Auszubildende an drei bis vier Tagen in der Woche im Betrieb, wo er die praktischen bzw. handwerklichen Fähigkeiten seines Ausbildungsberufes erlernt.

Ausbildung in der Berufsschule
Zusätzlich zu ihrem Einsatz im Ausbildungsbetrieb besuchen die Auszubildenden zwischen acht und zwölf Unterrichtsstunden in der Woche eine Berufsschule. Die Lehrpläne variieren je nach Ausbildungsberuf und Bundesland, in dem die duale Ausbildung absolviert wird. Der Unterricht ist aufgeteilt in fachtheoretische Inhalte, die speziell auf den Beruf zugeschnitten sind, und allgemeine Inhalte. Im allgemeinen Teil stehen bei allen Berufen zum Beispiel Deutsch, Politik, Religion und Sport auf dem Lehrplan.

Voraussetzungen
Rein formell sind für die duale Berufsausbildung keine bestimmten Schulabschlüsse vorgeschrieben. Da jedoch die Ausbildungsplätze in vielen Regionen Deutschlands oft knapp sind, können Unternehmen – insbesondere, wenn es um beliebte Berufe geht – unter einer großen Zahl an Bewerberinnen und Bewerbern auswählen. Dabei spielen natürlich die Art des Schulabschlusses sowie die Noten eine große Rolle. Bei ihren Überlegungen sollten angehende Azubis immer die Termine für den Ausbildungsstart im Blick behalten: Die meisten Ausbildungen beginnen am 1. August oder am 1. September eines Jahres.

Vergütung
Wer sich für eine duale Ausbildung entscheidet, erhält währenddessen eine Art Entlohnung, genannt Ausbildungsvergütung. Die Höhe dieser Vergütung wird meist zwischen den Tarifpartnern – also zwischen Arbeitgeberverbänden und Gewerkschaften – vereinbart.

da: http://www.arbeitsagentur.de/web/content/DE/Veroeffentlichungen/Themenheftedurchstarten/Weiterdurch-Bildung/Bildungswege/Berufsabschluesse/DualeAusbildungsberufe/index.htm

 Scrivete un dialogo in coppia: A è Roberto che, alla fine deve capire le caratteristiche di questo tipo di formazione e scegliere se fa per lui o no. B spiega a Roberto in cosa consiste la formazione e risponde alle sue domande. Mettete in scena il dialogo.

E5 *Uno stage in Italia?*

Deine ältere Schwester Anne möchte nach dem Bachelorexamen in Politikwissenschaft und Germanistik demnächst ein mehrmonatiges Praktikum in Italien machen. Sie interessiert sich sehr für Umweltfragen, könnte sich aber auch vorstellen, in einer Bildungseinrichtung zu arbeiten oder Deutsch zu unterrichten – am liebsten in Süditalien. Sie besucht daher seit kurzem einen Italienischkurs im Sprachenzentrum der Universität, doch noch ist ihr Italienisch nicht so sicher; daher bittet sie dich diese Annoncen, die sie im Internet gefunden hat, durchzusehen und ihr zu raten, wo sie sich bewerben soll.

Associazione interculturale Pratese SI-PO
L'Associazione, nata nel 2009 a Prato con l'obiettivo di contribuire alla formazione linguistica (per giovani ed adulti), si dedica a favorire aspetti di interculturalità italo-tedesca e organizza vari progetti dedicati anche alle scuole.

Goethe-Institut a Napoli/Milano/Torino.
È l'Istituto Culturale della Repubblica Federale di Germania ed è attivo in tutto il mondo.
Gli studenti universitari agli ultimi anni di studi possono svolgere un tirocinio gratuito presso una delle sedi del Goethe-Institut in Italia, per un periodo di 3 – 6 mesi.
Offre partecipazione nei vari progetti di collaborazione culturale italo-tedesca, compiti nell'organizzazione di eventi e programmi (letteratura, film, esposizioni, musica, danza e teatro).

Offerta stage presso l'Associazione Italo-Tedesca "Amici del Tedesco" di Crotone
L'Associazione da sempre molto attiva nella promozione della lingua e della cultura tedesca sul territorio, offre l'opportunità, a studenti universitari tedeschi, di svolgere a Crotone un tirocinio non retribuito della durata di 4 – 5 mesi.
La/lo stagista si occuperà principalmente di attività della promozione della lingua tedesca, lezioni con bambini delle quinte elementari e studenti delle scuole, organizzazione di eventi come conferenze, gara scioglilingua, carnevale tedesco ecc., per un impegno lavorativo di 20 ore settimanali. Vitto e alloggio saranno forniti dall'associazione stessa! La conoscenza base della lingua italiana è preferibile.

Tirocinio di un anno in Sicilia per tutti gli appassionati della natura che desiderano tutelare l'habitat del gatto selvatico nel parco naturale regionale dell'Etna
I volontari, di età compresa tra i 18 e i 30 anni con buona conoscenza della lingua italiana, svolgeranno tra l'altro: opere di salvaguardia delle strutture contadine locali, educazione ambientale rivolta ai bambini e legata a determinati progetti (come per esempio la depurazione delle acque) e attività di relazioni pubbliche.
I costi di viaggio, vitto e alloggio e altro saranno coperti dall'organizzazione.

---

da: http://www.ciao-tschau.it/2013/02/stage-in-italia/

Schreibe deiner Schwester eine E-Mail, in der du ihr insbesondere zwei Angebote begründet empfiehlst.

E6 *Lessico tematico: il mondo del lavoro*

Lavoro in gruppo: in questa lezione avete conosciuto molte parole sul mondo del lavoro. Qual è il modo migliore di tenerle a mente? (Un semplice elenco in ordine alfabetico, una mappa concettuale, una nuvola di parole, parole + illustrazioni, … ?) Discutete, strutturate il lessico e presentate la vostra soluzione su un poster da mettere alla parete della classe.

Quante Italie?

T1 Il Risorgimento – L'Italia dal 1815 al 1871

E1 *Che barba, questa politica!*

Parole crociate. Completa lo schema.

orizzontali
2. Roma è la ... italiana.
4. gli abitanti di uno Stato
7. L'Italia ha fatto tre guerre di ... .
9. amano la patria
10. periodo dal 1815 al 1870
11. è famoso quello di Vienna

verticali
1. grandissima protesta
3. si stringe tra due o più Stati
5. fa parte del governo
6. L'Italia non è una monarchia ma una ...
8. il contrario di "guerra"

E2 *Quattro barbe per l'Italia*

Chi sono? Indovina i personaggi!

?
Ho i capelli neri e corti. Sono leggermente paffuto[1]. Mi piace vestirmi accuratamente[2] ed elegantemente. Sono convinto della necessità di risolvere politicamente la questione dell'unità. Voglio fortemente che l'Italia sia una potenza[3] europea.

?
Il mio abbigliamento è prevalentemente[4] di colore rosso. Il mio viso è dominato[5] dalla mia barba nera. Ho un numeroso gruppo di amici particolarmente motivati verso uno scopo[6] politico ben preciso.

?
Mio padre si chiama Carlo Alberto. Sono frequentemente[7] dipinto in uniforme. A giudicare dalla mia espressione la mia vita non è molto divertente. Sono moderno perché uso abitualmente una sostanza[8] per rendere i miei capelli più belli.

?
Mi piace riflettere. Sfortunatamente[9] ho dovuto lasciare la mia patria tanto amata. Ho scritto un manifesto[10] criticato ma ancora attualmente molto conosciuto. Chi sono?

E3 *I partiti italiani*

1. Cercate su Internet informazioni sui seguenti partiti. Esistono ancora?

2. Analizzate e commentate i manifesti riportati.
   a. Secondo voi guardando i manifesti quale partito è di destra, quale è di sinistra?
   b. Quali simboli potete identificare?

---

[1] paffuto: tondo, un po' grasso; [2] accurato: esatto, preciso; [3] la potenza: uno stato molto importante; [4] prevalentemente: in maggior parte; [5] essere dominato da: bestimmt werden von; [6] lo scopo: la fine di un progetto; [7] frequentemente: spesso, regolarmente; [8] la sostanza: un prodotto; [9] sfortunatamente: il contrario di fortunatamente, per fortuna; [10] il manifesto: un programma

T2 L'Italia – la mia nuova patria

E1 La nuova vita di Alina
Rileggi il testo (Lezione 14, T 2 L'Italia – la mia nuova patria) e collega le frasi.

1.	Se in Romania avessi avuto delle prospettive	a.	diamo il lavoro a qualcun altro.
2.	Se studio bene l'italiano	b.	non sarei partita.
3.	Se non avessi avuto una professoressa così brava	c.	non so come sarebbero andate le cose.
4.	Se non accetti lo stipendio	d.	un giorno potrei iscrivermi all'università.
5.	Se non avessi incontrato Alessandra	e.	non avrei fatto tanti progressi in poco tempo.

E2 Così cambiamo il mondo!
Trasforma i verbi all'infinito nel periodo ipotetico. G → 14.1

1. Se gli immigrati .... (lavorare) per pochi soldi gli imprenditori guadagneranno sempre di più.

2. Se ci fossero i posti di lavoro per tutti tanti problemi .... (essere) risolti.

3. Ci sarebbe meno rabbia contro gli immigrati se ci .... (essere) meno disoccupazione.

4. Se noi tutti .... (pensare) veramente al futuro 20 anni fa ci saremmo comportati in modo diverso.

5. Non mangeremmo tanta carne se .... (pensare) ai poveri animali.

6. Se continua la disoccupazione .... (aumentare) anche la paura della gente.

7. Se .... (volere) cambiare il mondo intorno a me devo cominciare a cambiare me stesso.

8. Se avessi molti soldi .... (adottare) molti bambini che sono in difficoltà.

9. Se potessi cambiare il mondo lo .... (volere/io) senza guerre.

10. Se .... (riflettere) prima non saremmo di certo arrivati a questo punto!

→ Faccia a faccia – Se fossi ... (pag. 80)

E3 *Sei coraggioso/a?*

Lavorate in due. A fa le prime cinque domande a B, B risponde. Poi B fa le altre cinque domande a A che risponde. **G** → 14.1.2

Che cosa faresti …
- se vedessi qualcuno che è in pericolo?
- se ricevessi una lettera anonima?
- se sentissi rumori strani alle due di notte?
- se qualcuno ti chiamasse durante la notte?
- se un pilota di Formula Uno ti offrisse un viaggio con lui?
- se vedessi qualcuno con una pistola in mano?
- se dovessi prendere l'ultima metro?
- se volessi parlare con una sconosciuta/uno sconosciuto[1] che ti piace?
- se qualcuno ti provocasse[2]?
- se vincessi cinque milioni di euro al lotto?

E4 *Scusa, ma …*

Crea dei periodi ipotetici dell'irrealtà come nell'esempio. **G** → 14.1.3

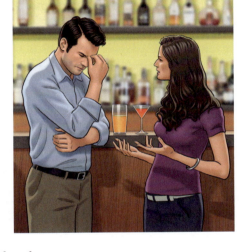

Modello: – Sei stato/a un weekend a New York e non hai mai chiamato.
– Scusa, ma se avessi chiamato, avrei dovuto pagare tanti soldi.

1. Sei arrivato due ore in ritardo per l'appuntamento.
2. Hai promesso una cosa ma non l'hai fatta.
3. Hai dimenticato il suo compleanno.
4. Hai perduto l'anello che ti aveva regalato.
5. Hai baciato un'altra/un altro.
6. Hai parlato male di lei/lui con gli altri.
7. Ti sei comportato male senza scusarti.
8. Sei arrivato a casa alle tre di mattina.
9. Hai messo una foto terribile di lei/lui su facebook.
10. Sei andato al cinema da solo/a.

E5 *Immigrazione – il quiz*

1. Leggi i testi e fa' gli esercizi.

L'Italia dell'emigrazione

L'emigrazione ha un ruolo centrale nella storia italiana. Fin dall'età preindustriale sono stati frequenti e costanti gli spostamenti di popolazione, spesso anche solo per periodi stagionali, da una regione all'altra e al di là delle Alpi. Ma dal 1876 il fenomeno ha assunto dimensioni tali da far parlare di grande emigrazione italiana all'estero. È stata causata principalmente dalla diffusa povertà di vaste zone del paese, soprattutto nel Sud. Il prodotto più famoso che gli italiani hanno portato con sé è la pizza.

---

[1] lo sconosciuto/la sconosciuta: der/die Unbekannte; [2] provocare: provozieren

l'Italia dell'accoglienza

Ma l'Italia è anche terra di immigrazione, anche se il fenomeno è iniziato più tardi rispetto a molti altri paesi europei. I primi flussi migratori, infatti, risalgono agli anni Settanta. Un tempo considerata la più grande riserva di manodopera d'Europa, l'Italia degli emigranti è diventata un paese d'accoglienza per molti immigrati. Adesso anche i nostri mercati si sono arricchiti dei prodotti tipici di paesi lontani: l'Italia è già un paese multietnico.

Un tragico viaggio in mare

Per arrivare in Italia molte persone disperate si affidano a trafficanti senza scrupoli che chiedono loro molto denaro costringendoli poi a viaggiare in condizioni ai limiti della sopravvivenza su imbarcazioni insicure e sovraccariche. Spesso uomini, donne e bambini muoiono durante il viaggio, oppure nei pressi delle coste dell'Italia, a causa di naufragi e ritardi nelle operazioni di soccorso. Gli altri sbarcano spesso a Lampedusa, un'isola dove il governo italiano ha costruito un centro di accoglienza.

da "L'Immigrazione a piccoli passi", Lamoureux/Long, Mottajunior (adattato)

1. Si dice che una persona è un immigrato quando:	2. Gli italiani sono emigrati all'estero perché
a. lascia il paese dove è nata.	a. cercavano una vita piena di avventure.
b. si sposta.	b. la povertà soprattutto nel Sud era grande.
c. si stabilisce in un paese straniero.	c. non erano d'accordo con la situazione politica.
3. Gli emigrati italiani hanno portato con sé	4. I primi flussi migratori verso l'Italia risalgono
a. il loro buonumore.	a. agli anni Novanta.
b. la pizza.	b. agli anni Settanta.
c. le loro canzoni.	c. agli anni Trenta.
5. Cosa significa la parola "multietnico"?	6. I trafficanti
a. Diverse culture in uno stesso paese.	a. guadagnano molti soldi.
b. Due culture in uno stesso paese.	b. hanno a disposizione navi sicure.
c. Una sola cultura in uno stesso paese.	c. sono affidabili e garantiscono un viaggio senza problemi.
7. Per arrivare in Italia molte persone	8. Sull'isola di Lampedusa
a. fanno un lungo viaggio duro e costoso.	a. gli immigrati ricevono dei passaporti italiani.
b. pagano un biglietto regolare.	b. gli immigrati sono considerati come una riserva di manodopera.
c. viaggiano illegalmente in aereo.	c. si trova un centro di accoglienza del governo italiano.

2. Du hältst im Geschichtsunterricht einen Vortrag über die Immigration und die Emigrationsbewegungen in Italien. Fasse die drei Texte kurz auf Deutsch zusammen!

E6 *Un mondo senza confini*

Come sarebbe il mondo se non esistessero confini? Tutti parlerebbero la stessa lingua, l'emigrazione forse avrebbe un altro nome ... Formula anche tu delle ipotesi!

Modello: Se non esistessero confini non ci sarebbero più guerre.

E7 *Italiani si nasce ... o si diventa!*

1. Ascolta il testo e decidi se le affermazioni sono vere o false. Correggi quelle false.

Uno straniero può presentare la domanda di cittadinanza se
1. i genitori o i nonni sono cittadini italiani;
2. è sposato con un/a cittadino/a italiano/a;
3. è nato in Italia ed è stato residente in Italia dalla nascita fino al raggiungimento della maggiore età (21 anni);
4. ha la residenza in Italia da almeno dieci anni e non ha carichi penali. Per i cittadini dell'Unione Europea bastano due anni.

2. Completa la frase:

Con l'acquisizione della cittadinanza italiana ....

....

3. Adesso leggi questi casi di stranieri e decidi: possono presentare domanda per ricevere la cittadinanza italiana?

		Sì	No
1.	Marcos ha compiuto 18 anni. I suoi genitori sono filippini ma lui è nato in Italia ed è sempre rimasto lì.		
2.	Isabella è argentina ma aveva un nonno italiano che adesso è morto. È in Italia da sei anni con regolare permesso di soggiorno.		
3.	Zillor è arrivato tre anni fa dal Bangladesh. Adesso ha 17 anni e frequenta la scuola in Italia.		
4.	Salma è marocchina. È venuta in Italia dal Marocco 13 anni fa per raggiungere suo marito. Da allora la sua residenza è sempre stata in Italia, dove sono nati anche i suoi figli.		

sessantuno **61**

E8 *Le stelle cadenti*

1. *Guarda le stelle cadenti ed esprimi un desiderio per un compagno di classe! Utilizza **vorrei che** + congiuntivo imperfetto.*

   Modello: Vorrei che Marco avesse un amore con la A maiuscola.

2. *Formate gruppi a tre e presentate e commentate i vostri desideri.*
3. *Alla fine un portavoce presenta i desideri del gruppo.*

   Quando il soggetto della principale è lo stesso della secondaria, è sempre meglio usare l'infinito, perché è più scorrevole.
   Modello: Vorrei – io – tornare bambino: Vorrei tornare bambino.

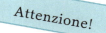

E9 *Catena di ipotesi*

Fa' la prima parte di un'ipotesi possibile, per esempio: Se avessi più tempo …
Il tuo vicino completa l'ipotesi, per esempio: farei più sport. La conseguenza è ripresa dal vicino che formula una nuova ipotesi, per esempio: Se facessi più sport …
Il vicino la completa e così via.

T3 Italia: paese ricco di contraddizioni

 E1 *Guarda le vignette nel libro (**Preparare T3**). Dopo la lettura del testo **T3, Italia: paese ricco di contraddizioni** tocca a te! Inventa una vignetta sul rapporto tra il Nord e Sud Italia!*

 E2 *Chi vuol essere milionario? Una puntata speciale, il cui tema è la politica italiana, cioè i partiti.*

1. Per ogni domanda ci sono quattro opzioni di risposta. Scegli la risposta giusta!

Modello:

Il Capo del Governo in Italia si chiama:

a. il Papa.
b. il Presidente del Consiglio.
c. il Presidente della Repubblica.
d. il re.

1. L'Italia ha confini con	2. Il viaggio di Giuseppe Garibaldi da Genova in Sicilia si chiama
a. cinque paesi.	a. il giro d'Italia.
b. quattro paesi.	b. il giro dei Mille.
c. sei paesi.	c. la spedizione dei Mille.
d. tre paesi.	d. la spedizione dei ribelli.
3. Il Palazzo Chigi è la sede del	4. L'inno nazionale italiano si chiama
a. Capo del Governo.	a. "Fratelli d'Italia".
b. Parlamento.	b. "Fratelli e sorelle d'Italia".
c. Presidente della Repubblica.	c. "Italia unità, patria amata!"
d. Senato.	d. "Oh mia patria sì bella e perduta!"
5. Prima di Roma la capitale d'Italia era	6. Il primo Re d'Italia è stato
a. Ancona.	a. Francesco Luigi II.
b. Bari.	b. Emanuele I.
c. Pisa.	c. Luigi Emanuele II.
d. Torino.	d. Vittorio Emanuele II.
7. "Il Risorgimento" significa	8. Al Sud d'Italia
a. creare una monarchia.	a. c'è tanta industria.
b. creare uno Stato con un solo governo.	b. l'economia è molto produttiva.
c. la divisione dell'Italia.	c. l'istruzione scolastica in generale è di alto livello.
d. la rinascita del regno romano.	d. ogni terzo adulto è senza lavoro.

2. *Adesso tocca a te! Per ogni domanda scrivi anche quattro opzioni di risposta. È il tuo compagno a dover indovinare!*

sessantatré 63

Lezione 14

E3 *Diario di viaggio nel tempo …*

"Verona: ieri e oggi." Presentala tu!
A descrivere il passato ti aiuta Goethe, in un passo da "Italienische Reise", in italiano: "Viaggio in Italia".
1. Leggi il passo qui sotto, e riassumi i punti più importanti.

„Verona, den 17. September.
Das Volk rührt sich hier sehr lebhaft durcheinander, besonders in einigen Straßen, wo Kaufläden und Handwerks-
5 buden aneinanderstoßen, sieht es recht lustig aus. Da ist nicht etwa eine Tür vor dem Laden oder Arbeitszimmer, nein, die ganze Breite des Hauses ist offen, man sieht bis in die Tiefe und alles, was darin vorgeht. Die Schneider nähen, die Schuster ziehen und pochen, alle halb auf der Gasse; ja die Werkstätten machen einen Teil der Straße. Abends, wenn Lichter brennen, sieht es recht lebendig.
10 Auf den Plätzen ist es an Markttagen sehr voll, Gemüse und Früchte unübersehlich, Knoblauch und Zwiebeln nach Herzenslust. Übrigens schreien, schäkern und singen sie den ganzen Tag, werfen und balgen sich, jauchzen und lachen unaufhörlich. Die milde Luft, die wohlfeile Nahrung läßt sie leicht leben. Alles, was nur kann, ist unter freiem Himmel.
15 Nachts geht nun das Singen und Lärmen recht an. […] Ein solches Übergefühl des Daseins verleiht ein mildes Klima auch der Armut, und der Schatten des Volks scheint selbst noch ehrwürdig.
Die uns so sehr auffallende Unreinlichkeit und wenige Bequemlichkeit der Häuser entspringt auch daher: sie sind immer draußen, und in ihrer Sorglosigkeit
20 denken sie an nichts. Dem Volk ist alles recht und gut, der Mittelmann lebt auch von einem Tag zum andern, der Reiche und Vornehme schließt sich in seine Wohnung, die eben auch nicht so wohnlich ist wie im Norden. […] An öffentlichen Gebäuden läßt sich das Volk sein Recht nun gar nicht nehmen, und das ist's, worüber der Fremde durch ganz Italien Beschwerde führt.
25 Ich betrachtete heut' auf mancherlei Wegen durch die Stadt die Tracht und die Manieren besonders des Mittelstandes, der sich sehr häufig und geschäftig zeigt. Sie schlenkern im Gehen alle mit den Armen. Personen von einem höhern Stande, die bei gewissen Gelegenheiten einen Degen tragen, schlenkern nur mit einem, weil sie gewohnt sind, den linken still zu halten.
30 Obgleich das Volk seinen Geschäften und Bedürfnissen sehr sorglos nachgeht, so hat es doch auf alles Fremde ein scharfes Auge. So konnt' ich die ersten Tage bemerken, daß jedermann meine Stiefel betrachtete, da man sich derselben als einer teuern Tracht nicht einmal im Winter bedient. Jetzt, da ich Schuh und Strümpfe trage, sieht mich niemand mehr an."

Johann Wolfgang von Goethe, Italienische Reise, München: dtv 1997, S. 50-51

2. A descrivere il presente invece ci pensi tu! Sei mai stato a Verona? Qualcuno dei tuoi compagni ci è mai stato? Il tuo prof? Racconta le tue impressioni, intervista la classe o se nessuno c'è stato … ricerca su Internet!

Ecco alcune domande che potrebbero aiutarti:
- Quanti abitanti ha la città di Verona oggi?
- Come si chiamano le piazze e le vie commerciali più importanti?
- La tradizione degli artigiani esiste ancora?

E4 *L'italiano medio*

1. Riassumi le informazioni per scrivere un identikit dell'italiano medio.

2. Pensa al tedesco medio. Come sarebbe il suo identikit? Fa una ricerca in Internet.

3. Adesso fa il confronto tra i due.

La carta d'identità
Il nome di uomo più comune in Italia è Giuseppe Russo, l'altezza media è di 174 cm, l'età è 30-35 anni e il peso 70-72 kg. L'aspettativa di vita di un uomo è di 74,9 anni. La maggior parte degli italiani ha gli occhi marroni e i capelli (tagliati corti) di colore castano.

Telefona molto, legge poco
Beppe Russo ha un cellulare, ma legge un quotidiano (il più venduto è il "Corriere della Sera") solo un giorno ogni sette.

Vestirsi
Ogni famiglia spende 140 € al mese per calzature e abbigliamento.

Casa e famiglia
La famiglia media è composta da 2,7 persone; risiede al Nord, in una casa di proprietà.

A messa
Entra in chiesa almeno una volta l'anno. In un caso su tre una volta alla settimana.

Scarpe
Beppe Russo porta scarpe numero 41. Ne acquista 2-3 paia l'anno.

Come Schumi
Il sogno nel cassetto di quasi metà degli italiani è pilotare un'auto di Formula 1.

Frigorifero
La maggioranza degli italiani ha un frigorifero e una lavatrice, ma non la lavastoviglie.

E5 *Il settecento – un secolo in subbuglio*

WEBQUEST sulla situazione in Europa.

1. Scegli un paese.

2. Fai una ricerca in Internet per dare dieci date chiave della storia del paese e scrivile su una linea del tempo. Non è necessario usare solo i siti italiani ma durante la presentazione si parla solo italiano!

Kompetenzorientierte Aufgaben

E1 *La fuga dei cervelli*

1. Insieme ai tuoi compagni, rispondi alle domande:

   1. Conosci questa espressione? Che cosa significa? Aiutati con le immagini!
   2. Esiste questo fenomeno anche nel tuo Paese?

2. Ascolta una prima volta e scegli: vero o falso?

   1. Gli italiani emigrano da sempre per gli stessi motivi.
   2. "Brain drain" significa persone che si formano all'estero.
   3. Il "brain drain" è positivo per il paese.
   4. Si decide di partire per motivi personali.
   5. Il fenomeno in Italia è in crescita ma comunque minore rispetto ad altri paesi.
   6. L'Italia ha più laureati che partono rispetto a quelli che arrivano.

3. Ascolta una seconda volta e rispondi alle domande:

   1. Cosa s'intende con l'espressione "cervelli in fuga"?
   2. Perché è un problema?
   3. Quali sono le cause strutturali per le quali i giovani decidono di lasciare il loro paese?
   4. Qual è il vero problema dell'Italia rispetto agli altri grandi paesi?

4. Scrivi un testo in cui riporti le informazioni ricevute nel CD e nel testo qui sotto sul fenomeno della "fuga dei cervelli". Descrivi la situazione italiana e confrontala con quella del tuo paese. (80-100 parole)

> Con la definizione "**fuga dei cervelli**" si identifica il fenomeno per il quale i giovani, generalmente **laureati**, lasciano l'Italia in cerca di miglior fortuna all'estero. Un tema, quest'ultimo, tornato prepotentemente d'attualità in questi ultimi anni, considerata la sensazione generale che il numero delle menti brillanti nostrane in fuga sia aumentato, anche in seguito alla profonda **crisi economica**.
>
> Se da un lato, infatti, è assolutamente normale – in particolare nel mondo globalizzato di oggi – che individui capaci si spostino all'estero, cambiando Stato, dall'altro è anche vero che l'attuale quadro italiano spinga certamente di più a fare le valigie per cogliere possibilità altrove, piuttosto che attrarre i **talenti** a dare il meglio di sé dentro i confini nostrani. Quello in oggetto, peraltro, è un contesto nel quale non rientrano solo i "**cervelli in fuga**" per antonomasia, cioè i **ricercatori**, ma anche i **laureandi** o **neolaureati** che si sentono in qualche modo penalizzati in Italia: un esercito di competenze numericamente sbilanciato rispetto ai pochi posti di lavoro oggi disponibili nel nostro Paese.
>
> da: http://knowledgework3rs.wordpress.com/2011/03/29/la-fuga-dei-cervelli-4-miliardi-in-fumo-in-10-anni/:

E2 *In Italia è tempo di elezioni.*

Preparate un programma politico/degli slogan per porre fine al divario Nord-Sud.
Modello: Mai più "prima il Nord" o "prima il Sud"! Italiani, unitevi!

E3 *Nord, Sud. Solo in Italia?*

Molti italiani del Sud sono emigrati al Nord. Conosci la storia di un tedesco che è emigrato da una parte all'altra della Germania o all'estero? Raccontala!

E4 *La „deutsche" vita*

Il padre del tuo amico italiano si interessa molto di quello che la stampa italiana scrive sul problema della fuga dei cervelli. In un'e-mail al tuo amico gli riassumi le informazioni più importanti dell'articolo di Jörg Bremer.

Die Sehnsucht nach deutsche Vita

Immer mehr gut ausgebildete junge Italiener zieht es nach Deutschland. Sie können die Stagnation im eigenen Land nicht mehr ertragen und suchen Arbeit im Norden.
Von JÖRG BREMER, ROM

Nun emigriert auch Salvo Mandarà und will nach München. [...] Mandarà gehört zu den Italienern, die immer zahlreicher nach Deutschland auswandern. 2012 waren es nach Angaben des Statistischen Bundesamtes etwa 30.000 und damit 40 Prozent mehr als im Vorjahr.

Kein Bruch zwischen Italien und Deutschland

[...] Der Grund für die Emigration ist seine Sorge um die beiden Kinder, die seit der Scheidung von der Mutter bei ihm leben. Vor einigen Wochen habe der 16 Jahre alte Sohn 14 Tage lang die Schule geschwänzt, aber keiner der Lehrer und niemand von der Direktion habe sich bemüßigt gefühlt, ihn davon in Kenntnis zu setzen. Nicht einmal eine SMS hätten sie ihm geschickt. Sein Sohn sei in eine Clique geraten, die auch Diebstähle verübte, aber die Polizei habe das nicht verfolgt. Er habe all das selbst herausfinden müssen: „Was ist das für eine Schule, wo sich niemand um einen Minderjährigen kümmert?", schimpft der Vater. „Was ist das für ein Land, wo die Polizei nicht hilft?" Mandarà fühlt sich zu schwach, um in Italien Kinder großzuziehen. [...] Andere Emigranten aus Italien lernen die deutsche Sprache. Die Zahl der Germanistik-Studenten ist nach Angaben der universitären „Associazione Italiana di Germanistica" seit 2011 um 37 Prozent gestiegen. Seit 2010 stieg auch die Zahl der Sprachschüler in den Goethe-Instituten zwischen Turin und Palermo um gut 20 Prozent. Deutsch sei besonders beliebt; allein die große Zahl der Deutschstudenten zeige, dass es keinen Bruch zwischen Italien und Deutschland gebe, auch wenn die Sparpolitik der Regierung Merkel kritisiert wird, sagt Susanne Höhn vom Goethe-Institut in Rom.

Deutsche Zuverlässigkeit und Direktheit

Tatsächlich ist Deutschland vor der Schweiz, Großbritannien, Frankreich und Brasilien das beliebteste Zielland der Italiener. „Wir kennen vor allem Deutschland-Fans: engagierte Menschen um die 30, die ihr Elternhaus verlassen, eine eigene Familie gründen und zwischen Passau und Flensburg eine feste, aussichtsreiche Arbeit finden wollen", sagt Frau Höhn. „Da kommen motivierte Leute, die mit Deutsch in Deutschland ein neues Leben beginnen wollen. Sie wollen sich selbst verwirklichen." Fast 40 Prozent der italienischen Jugendlichen unter 30 sind arbeitslos, etwa zwölf Prozent aller Italiener sind ohne Arbeit. Das ist die höchste Arbeitslosenquote seit 36 Jahren, wie das nationale Statistik-Institut Istat im April meldete.

Gianluca und Tina, beide Mitte dreißig, besuchen an diesem Wochenende schon ihren zukünftigen Heimatort Berlin. Sie wollen einen Kindergartenplatz für ihren zwei Jahre alten Sohn Flavio finden. „Der wird es am leichtesten haben. In einem halben Jahr wird er perfekt integriert sein und auch Deutsch sprechen", sagt Tina. Das Deutsch, das die Eltern bei „Goethe" lernen, ist noch holprig. Aber sie wollten schon wegen Flavio nicht länger warten mit der Auswanderung, sagen die Eltern, die beide Studienabschluss und Arbeit haben: die Ökonomin als Buchhalterin und der Philologe als Journalist. „Die bleierne Stagnation in Italien macht so unruhig, dass wir durchstarten wollen." [...] Billiger als in Rom sei das Leben in Berlin allemal, von der Miete über die Nahrungsmittel bis zu den Steuern, sagt er.

„Flucht der Gehirne"

[...] Nach einer Mitteilung des Sachverständigenrats deutscher Stiftungen für Integration sind die Zuwanderer aus aller Welt durchschnittlich zehn Jahre jünger und haben häufiger einen Hochschulabschluss als der Schnitt der Deutschen. Das gilt auch für die Italiener. In ihrer Heimat spricht man von einer „Flucht der Gehirne" *(fuga dei cervelli)*, denn im Verhältnis zum Ausbildungsstand der Gesamtbevölkerung emigrieren besonders viele Akademiker. Von den 30.000 Auswanderern im Jahr 2012 nach Deutschland hatte mehr als ein Drittel den Hochschulabschluss. Damit wandern die aus, in die Italien besonders viel Ausbildungsgeld steckte und die dem Staat mit jugendlicher Kraft aus seiner Überalterung, Unwirtschaftlichkeit, Wettbewerbsschwäche und Überbürokratisierung heraushelfen könnten. Staatspräsident Giorgio Napolitano warnte jetzt die Politik davor, eine „ganze Generation für Italien zu verlieren", [...].

Jörg Bremer, „Die Sehnsucht nach deutsche Vita", FAZ, 17.06.2013

Il piacere della lettura

T1 20 scrittori italiani molto famosi

E1 E tu che cosa leggi?

Lavorate in due: uno di voi intervista l'altro. Poi presenta le abitudini di lettura del suo partner agli altri. Potete anche far indovinare agli altri di chi parlate.

1. Che cosa preferisci leggere?	2. Quando cominci un libro
• il giornale • una rivista • un giallo • un romanzo • un racconto • un libro di storia •	• Lo leggi interamente (dalla prima all'ultima pagina). • Leggi la prima pagina, poi continui con l'ultima per sapere come finisce la storia. • Non finisci mai di leggerlo perché intanto trovi sempre un nuovo libro che ti interessa ancora di più. • Cominci sempre anche un secondo libro – così fai una lettura "parallela" a seconda del tuo umore. • ....
3. Dove e quando ti piace leggere?	4. Durante l'anno scorso hai letto ...
• A letto, prima di dormire. • Seduto/Seduta davanti a un tavolo. • Sul divano. • Fuori casa (in giardino, al bar ...). •	• nessun libro. • due libri. • meno di sei libri. • più di dieci libri.
5. Qual è il tuo scrittore preferito?	6. Che senso dà la lettura alla tua vita?
....	....

E2 Consigli per chi legge (Italo Calvino)

3 – 26

Stai per cominciare a leggere il nuovo romanzo *Se una notte d'inverno un viaggiatore* di Italo Calvino. Rilassati. Raccogliti. Allontana da te ogni altro pensiero. Lascia che il mondo che ti circonda sfumi
5 nell'indistinto. La porta è meglio chiuderla; di là c'è sempre la televisione accesa.
Dillo subito, agli altri: "No, non voglio vedere la televisione!" Alza la voce, se no non ti sentono: "Sto leggendo! Non voglio essere disturbato!" Forse non ti
10 hanno sentito, con tutto quel chiasso; dillo più forte, grida: "Sto cominciando a leggere il nuovo romanzo di Italo Calvino!" O se non vuoi dirlo, speriamo che ti lascino in pace.
Prendi la posizione più comoda: seduto, sdraiato,
15 raggomitolato, coricato. Coricato sulla schiena, su un fianco, sulla pancia. In poltrona, sul divano, sulla sedia a dondolo, sulla sedia a sdraio, sul pouf.

3 rilassarsi: engl. "to relax"; raccogliersi: *concentrarsi*

4 lasciare che qc sfumi nell'indistinto: *fare in modo che non ci si lasci disturbare da una cosa*

15 raggomitolato: *zusammengekauert*; coricato: *sdraiato*
17 la sedia a dondolo: *Schaukelstuhl*; il pouf: *Sitzkissen*

sessantanove 69

Sull'amaca, se hai un'amaca. Sul letto, naturalmente, o dentro il letto.

18 l'amaca (f): *Hängematte*

20 Puoi anche metterti a testa in giù, in posizione yoga. Col libro capovolto, si capisce.

Certo, la posizione ideale per leggere non si riesce a trovarla. Una volta si leggeva in piedi, di fronte a un leggio. Si era abituati a stare fermi in piedi. Ci si ri-

24 il leggio: *Lesepult*

25 posava così quando si era stanchi d'andare a cavallo. (...) Tenere i piedi sollevati è la prima condizione per godere della lettura.

26 tenere i piedi sollevati: *tenere i piedi in alto*

Bene, cosa aspetti? Distendi le gambe, allunga pure i piedi su un cuscino, su due cuscini, sui braccioli del

30 divano (...). Togliti le scarpe, prima. Se vuoi tenere i piedi sollevati; se no, rimettitele. Adesso non restare lì con le scarpe in una mano e il libro nell'altra. Regola la luce in modo che non ti stanchi la vista. Fallo adesso, perché appena sarai sprofondato nella

33 stancare: *rendere stanco*

34 essere sprofondati nella lettura: *leggere così attentamente che non ci si accorge di quello che c'è intorno a noi*

35 lettura non ci sarà più verso di smuoverti. (...) Cerca di prevedere ora tutto ciò che può evitarti d'interrompere la lettura. Le sigarette a portata di mano, se fumi, il portacenere. Che c'è ancora?

35 non ci sarà più verso di: *non ci sarà più modo di cambiare la posizione*

da: Italo Calvino, *Se una notte d'inverno un viaggiatore.*
Torino: Einaudi 1979

Domande sul testo.
Segna con una crocetta tutte le affermazioni giuste.

1. Il lettore sta

☐ leggendo un nuovo romanzo.

☐ per cominciare a leggere un romanzo.

☐ guardando la televisione.

2. Dice agli altri ...

☐ di alzare la voce.

☐ di leggere un libro.

☐ di spegnere la televisione.

3. Secondo Calvino, la posizione ideale per leggere è ...

☐ seduto.   ☐ coricato.   ☐ per terra.

☐ a testa in giù.   ☐ sul prato.   ☐ in macchina.

☐ in ginocchio.   ☐ sdraiato.   ☐ sul pouf.

Spunto per la discussione:

4. Chi di voi sarebbe dunque – per Calvino – il lettore ideale? E quale persona non sarebbe un buon lettore? Perché?

5. Siete d'accordo con l'autore?

6. Qual è la vostra posizione di lettura preferita?

7. Come giudicate voi il fatto che un autore dà consigli al suo lettore?

E3 *Le forme del passato remoto: una canzone di Angelo Branduardi*

Scrivi i verbi che mancano. Sono tutti al passato remoto. **G** → 15.1

Alla fiera[1] dell'est per due soldi un topolino[2] mio padre .... (comprare). E .... (venire) il gatto che .... (mangiarsi) il topo che al mercato mio padre .... (comprare). *Alla fiera dell'est ...* E .... (venire) il cane che............................ (mordere)[3] il gatto che .... (mangiarsi) il topo che ... *Alla fiera dell'est ...* E .... (venire) il bastone[4] che .... (picchiare) il cane che .... (mordere) il gatto che ...	*Alla fiera dell'est ...* E .... (venire) il fuoco che .... (bruciare) il bastone che .... (picchiare) il cane che ... *Alla fiera dell'est ...* E .... (venire) l'acqua che .... (spegnere) il fuoco che .... (bruciare) il bastone che ... *Alla fiera dell'est ...* E .... (venire) il toro[5] che .... (bere) l'acqua che .... (spegnere) il fuoco che ... *Alla fiera dell'est ...* E .... (venire) il macellaio che .... (uccidere) il toro che .... (bere) l'acqua che ...	*Alla fiera dell'est ...* E l'angelo della morte sul macellaio che .... (uccidere) il toro che ... *Alla fiera dell'est ...* E alfine[6] il Signore sull'angelo della morte sul macellaio che .... (uccidere) il toro che ... *Alla fiera dell'est ...*

[1] la fiera: *Flohmarkt, Messe*; [2] il topolino: *il piccolo topo (Maus)*; [3] mordere: *beißen*; [4] il bastone: *Stock*;
[5] il toro: *Stier*; [6] alfine: *alla fine*

T2 Io non ho paura

E1 *Il pescecane[1] – Un racconto*

Leggete il racconto seguente. Poi
- sottolineate di colore blu tutti i verbi all'imperfetto, di rosso tutti i verbi al passato remoto. **G** → 8.3, 15.1
- scrivete nelle colonne accanto perché si usa l'imperfetto oppure il passato remoto. **G** → 8.3, 15.1
- confrontate il risultato con quello del vostro partner.

Imperfetto		Passato remoto Passato prossimo
	Era una bella giornata d'estate. Il signor Bellini trascorreva le vacanze in Italia, al mare naturalmente! Mentre aveva gli occhi chiusi pensava a un piatto di spaghetti alla carbonara che voleva mangiare la sera. Di colpo, sentì un rumore strano: pfffffttt, pfffffttt	
	Aprì gli occhi e che cosa vide? Sì, un pescecane, proprio davanti a sé!	
	Non poté gridare perché aveva paura.	
	Il pescecane si sedè sulla sabbia. Poi guardò il signor Bellini e sorrise. "Finalmente qualcuno di bello da mangiare!" disse. "Grazie del complimento", rispose Bellini, "ma fammi un piacere, prima di morire, vorrei prendere il sole! Cinque minuti!" "Va bene", disse il pescecane e si sdraiò sulla spiaggia.	
	Il signor Bellini aveva paura ... Non sapeva che cosa fare. Cercava una soluzione a questo problema, quando sentì un altro rumore: pfffttt, pfffttt ... Un secondo pescecane!	
	"Non è vero", pensò. Salutò anche quel nuovo animale che, subito si sdraiò accanto al primo. E poi? Per due minuti parlarono un po', poi cominciarono a russare: chrrrrr, chrrrr. Sì, si addormentarono proprio! Allora il signor Bellini che cosa fece? Scappò ...	
	E la fine della storia? Facciamo parlare il signor Bellini: "Vi dico una cosa", dice, "prima andavo sempre al mare durante le vacanze, ma da quando ho incontrato il pescecane non ci sono andato mai più."	

[1] il pescecane: *Hai*

72 .... settantadue

T3 Giovanni Boccaccio

E1 *Una fiaba moderna di Stefano Benni*
Mettete i verbi all'imperfetto o al passato remoto.
G → 8.3, 15.1

.... (esserci) un giovane musicista di nome Peter che .... (suonare) la chitarra agli angoli delle strade. .... (racimolare) così i soldi per

5 proseguire gli studi al Conservatorio: .... (volere) diventare una grande rock star. Ma i soldi non .... (bastare), perché .... (fare) molto freddo e in strada .... (esserci) pochi passanti.

4 racimolare: *mettere insieme*

10 Un giorno, mentre Peter .... (stare) suonando "Crossroads" gli .... (avvicinarsi) un vecchio con un mandolino.

– Potresti cedermi il tuo posto? È sopra un tombino e ci fa più caldo.

13 cedere: *lasciare*; il tombino: *Kanaldeckel*

15 – Certo – .... (dire) Peter, che .... (essere) di animo buono.

– Potresti per favore prestarmi la tua sciarpa? Ho tanto freddo.

– Certo – .... (dire) Peter, che

20 .... (essere) di animo buono.

– Potresti darmi un po' di soldi? Oggi non c'è gente, ho raggranellato pochi spiccioli e ho fame.

22 raggranellare: *racimolare (v.s.)*; gli spiccioli: *le monete*

– Certo – .... (dire) Peter, che eccetera. .... (avere) solo dieci monete nel

25 cappello e le .... (dare) tutte al vecchio. Allora .... (avvenire) un miracolo:
??????

settantatré 73

Lezione 15

E2 Che cosa succederà?

1. Inventate lo sviluppo della storia! Usate naturalmente il passato remoto e l'imperfetto ... **G** → 8.3, 15.1

32 – 37

2. Confrontate il vostro con lo sviluppo previsto da Stefano Benni che trovate nelle soluzioni.

E3 Il titolo del racconto

1. In due, date un titolo al racconto!
2. Poi ogni gruppo presenta il suo titolo in classe.
3. Secondo voi, quale titolo corrisponde di più al messaggio del racconto?
4. Per finire, confrontate con il titolo originale.

E4 Comprensione del testo

1. Vero o falso? Segnala con una crocetta e giustifica la tua risposta indicando una riga del testo.

		vero	falso
1.	Il mago degli effetti speciali è un vecchietto. giustificazione: riga/righe	☐	☐
2.	La chitarra fatata può essere usata da tutti. giustificazione: riga/righe	☐	☒
3.	La chitarra fatata suona solo brani di Jimi Hendrix. giustificazione: riga/righe	☐	☐
4.	Peter è una rock star. giustificazione: riga/righe	☒	☐
5.	Black Martin è un uomo dal cuore puro. giustificazione: riga/righe	☐	☐
6.	Tutti si ricordano di Peter e della chitarra fatata. giustificazione: riga/righe	☐	☐

Analisi del testo
2. In quali parti si può suddividere il racconto?
3. Fate un ritratto di Peter e di Black Martin.

Commento
4. Che effetto fa su di voi la fine del racconto?
5. Si può qualificare questo testo una fiaba moderna? Perché?
6. Qual è secondo te il messaggio di Stefano Benni?

Kompetenzorientierte Aufgaben

E1 *Gianni Rodari, Il topo che mangia i gatti*
Leggi il testo e rispondi alle domande.

Un vecchio topo di biblioteca va a trovare i suoi cugini, che abitano in solaio e conoscono poco il mondo.
– Voi conoscete poco il mondo, – egli dice ai suoi timidi parenti, – e probabilmente non sapete nemmeno leggere.
– Eh, tu la sai lunga, – sospirano quelli.
– Per esempio, avete mai mangiato un gatto?
– Eh, tu la sai lunga. Ma da noi sono i gatti che mangiano i topi.
– Perché siete ignoranti. Io ne ho mangiato più d'uno e vi assicuro che non hanno detto neanche: Ahi!
– E di che sanno?
– Di carta e d'inchiostro, a mio parere. Ma questo è niente. Avete mai mangiato un cane?
– Per carità.
– Io ne ho mangiato uno proprio ieri. Un cane lupo. Con certe zanne ... Bene, si è lasciato mangiare quieto quieto e non ha detto neanche: Ahi!
– E di che sa?
– Di carta, di carta. E un rinoceronte, l'avete mai mangiato?
– Eh, tu la sai lunga. Ma noi un rinoceronte non l'abbiamo visto mai. Somiglia al parmigiano o al gorgonzola?
– Somiglia a un rinoceronte, naturalmente. E avete mai mangiato un elefante, un frate, una principessa, un albero di Natale?
In quel momento il gatto, che sta ad ascoltare dietro un baule, balza fuori con un miagolio minaccioso.
È un gatto vero, di carne e d'ossa, con baffi e artigli. I topolini volano a rintanarsi, eccetto il topo di biblioteca, che per la sorpresa rimane immobile sulle sue zampe come un monumentino. Il gatto lo agguanta e comincia a giocare con lui.
– Tu sei il topo che mangia i gatti?
– Io, Eccellenza ... Lei deve comprendere ... Stando sempre in libreria ...
– Capisco, capisco. Li mangi in figura, stampati nei libri.
– Qualche volta, ma solo per ragioni di studio.
– Certo. Anch'io apprezzo la letteratura. Ma a volte uno deve studiare anche un pochino dal vero.(...)
Per fortuna del povero prigioniero il gatto ha un attimo di distrazione, perché vede passare un ragno sul pavimento. Il topo di biblioteca, con due salti, torna tra i suoi libri, e il gatto deve accontentarsi di mangiare il ragno.

6 saperla lunga: *Bescheid wissen; wissen, wie der Hase läuft*

12 sapere di qc: *nach etwas schmecken, (riechen)*

16 il cane lupo: *Wolfshund*
17 le zanne: *Reißzähne*
18 quieto: *leise, still*

23 somigliare a qc: *einer Sache ähneln*

29 il baule: *(großer) Koffer;* balzare: *springen;* il miagolio: *Miauen;* minaccioso: *bedrohlich, drohend*
30 i baffi: *Schnurrbart;* gli artigli: *Krallen, Klauen*
31 rintanarsi: *sich verkriechen*

34 agguantare qc: *etwas packen, ergreifen*

38 in figura: *im übertragenen Sinne*

41 apprezzare: *amare*

Lezione 15

Comprensione del testo

1. Vero o falso? Segnala con una crocetta e giustifica la tua risposta indicando una riga del testo.

	vero	falso
1. Il vecchio topo di biblioteca va a trovare i suoi genitori. giustificazione: riga/righe	☐	☒
2. Il topo ha mangiato un gatto di carta. giustificazione: riga/righe	☐	☐
3. Un rinoceronte somiglia al parmigiano. giustificazione: riga/righe	☐	☐
4. Il topo di biblioteca mangia un gatto vero, di carne e d'ossa. giustificazione: riga/righe	☐	☐

2. Scegli la risposta giusta. Metti una crocetta e indica la riga che conferma la tua scelta.

Alla fine il topo di biblioteca si salva perché ...

☐ i suoi cugini urlano e lo aiutano.

☐ il gatto vede un ragno.

☐ il gatto non ha fame.

→ giustificazione: riga/righe ....

3. Spiega la frase: "Li mangi in figura, stampati nei libri." Rispondi con parole tue.

E2 *Produzione scritta*

Analisi

1. Normalmente la parola "topo di biblioteca" si usa parlando di persone. Fai il ritratto di un "topo di biblioteca" umano.

Commento

2. Il topo di biblioteca riesce a scappare. Commenta questa fine della fiaba.

E3 *Il favoliere giugno (Il favoliere, Maggi R.)*

38 – 41

1. Chi è il Signor "gno"?
2. Che cosa hanno in comune giugno e il Signor Gno?
3. Che cosa è successo al Signor Gno?

Il Signor Gno

☐ beveva l'acqua. ☐ mangiava una mela. ☐ faceva un bagno.

☐ stava per affogare. ☐ nuotava in uno stagno. ☐ pescava pesci.

Il ragno

☐ voleva mangiarlo. ☐ voleva aiutarlo. ☐ voleva fare il bagno.

Il Signor Gno rispose
- [ ] Sì.
- [ ] gno, gno.
- [ ] no.

Il ragno …
- [ ] cadde nello stagno.
- [ ] saltò nello stagno.
- [ ] si bagnò nello stagno.

Arrivò
- [ ] un bianco gatto.
- [ ] un bianco cigno.
- [ ] un bianco cane.

Alla fine
- [ ] il Signor Gno morì.
- [ ] il ragno morì.
- [ ] il Signor Gno e il ragno furono salvati.

E4 Commento personale (scritto)

1. Spiega se sei d'accordo con questa supposizione.
"La lettura di romanzi o fumetti o l'arte in generale possono influenzare il nostro carattere e il nostro modo di agire."

2. Spiega se sei d'accordo con questa citazione.
"Chi ha l'occhio, trova quel che cerca anche a occhi chiusi." (da *Marcovaldo*, Italo Calvino)

E5 Mediazione

Un amico italiano/un'amica italiana che studia il tedesco da tre anni ti scrive perché deve preparare una presentazione su Niccolò Ammaniti.
Ha trovato quest'articolo tedesco, ma non capisce bene le informazioni.
Ti chiede di riassumere il testo e dargli delle informazioni sull'inizio della sua carriera come scrittore prendendo degli appunti e mandarglieli in un'e-mail.

Plattfische[1], Kettensägen[2] und Comic-Helden[3]
Eine Begegnung mit dem Schriftsteller Niccolò Ammaniti
18. August 2003

Seit Mitte der neunziger Jahre macht in Italien eine neue Autorengeneration von sich reden. Ob Pop, Horror, Hochkultur, Fernsehen – ihre Bücher saugen die Gegenwart auf, stehen für ein urbanes Lebensgefühl, erreichen beachtliche Verkaufszahlen und begeistern vor allem jüngere Leser. Niccolò Ammaniti, 1966 in Rom geboren, ist einer der profiliertesten Vertreter seiner Generation. Inzwischen sucht er nach eigenen Wegen. Seltsam, dass Niccolò Ammaniti kein Zoologe ist. Oder wenigstens ein Forstwissenschafter, ein Meeresforscher oder ein Agronom. Mit seinem grünlichen Cordanzug[4], seiner zerstreuten Höflichkeit, den nachdenklichen Bemerkungen und dem Hund im Schlepptau wirkt er auf dem Römer Campo de' Fiori inmitten der cocktailtrinkenden Intellektuellen merkwürdig deplaciert. Dabei hat er sogar einen Roman [*Branchie*, 1994] erfunden, der auf diesem betriebsamen Platz mit dem Giordano-Bruno-Denkmal, den Marktständen, der Buchhandlung Fahrenheit 451 und den vielen Cafés, in denen sich sonntags die lokale Schriftstellerszene trifft, seinen Anfang nimmt. Es war der Auftakt zu einer bemerkenswerten Karriere. [...]
Inzwischen liegen vier Bücher von Ammaniti vor, sein Roman *Io non ho paura* (2001), der in diesem Früh-

---

[1] Plattfisch: *pesce piatto*; [2] Kettensäge: *sega a motore*; [3] Comic-Helden: *supereroi*; [4] Cordanzug: *velluto a coste*

jahr unter dem Titel *Die Herren des Hügels* auf Deutsch erschien, wurde von Gabriele Salvatores verfilmt.

40 Auch *Fort von hier* (*Ti prendo e ti porto via*, 1999), eine kurzweilige Mischung aus Erziehungsroman und Abenteuergeschichte, soll die Grundlage für ein Drehbuch sein. Niccolò

45 Ammaniti ist also ein erfolgreicher Schriftsteller und einer der wenigen, die vom Schreiben leben können.

Sohn und Vater

Richtig glücklich scheint ihn das
50 nicht zu machen. Er wirkt auf eine nervöse Art verschlafen, fährt sich über den Kopf, spricht ein paar Mal in sein Handy, bis er es schließlich ausschaltet. Dann gibt er freundlich
55 Auskunft und erklärt, dass sein Zustand vor der Niederschrift eines neuen Buches immer fürchterlich sei und er sich physisch schlecht fühle. „Es ist wie eine Art Verstopfung",
60 erklärt er bildhaft, „ich leide unter Bauchweh, bin schlecht gelaunt und komme zu der Überzeugung, dass ich nie mehr irgendetwas zu Papier bringen werde. Irgendwann bricht dann
65 der Damm, und es entsteht etwas. Eine Art Monster, das ich zur Welt bringen muss. Für mich ist Schreiben eine extrem körperliche Angelegenheit." Rigide Stundenpläne und regel-
70 mäßige Arbeitszeiten sind nichts für ihn. Lange Phasen des Nichtstuns, in denen er vor allem liest, Fernsehen guckt und kocht, wechseln mit intensiven Arbeitsperioden. Schreiben ist
75 dann seine Droge.

Das Début war eher eine Verzweiflungstat. Als Student der Biologie hatte Ammaniti sich wochenlang im Labor herumgetrieben und eine
80 Diplomarbeit über „Die Übertragung von Acetylcholin auf Neuroblastom" geplant, seinen Eltern aber die fehlenden Prüfungen verheimlicht, die dem Examen noch hätten

85 vorangehen müssen. Als seinem Vater, einem international bekannten Kinder-Psychoanalytiker, die mangelnde Disziplin des Sohnes auffiel, griff er zu extremen Maßnahmen: Niccolò
90 wurde tagsüber in die väterliche Praxis verfrachtet. Während der Arzt die 50-Minuten-Sitzungen mit seinen Patienten absolvierte, schlief der flüchtige Diplomand; in den Pausen
95 tat er so, als schriebe er. Außer biologischer Fachliteratur gab es keine Bücher, lediglich den leeren Bildschirm eines Computers, und um seiner Zwangslage zu entkommen und den
100 klaustrophobischen Zustand zu neutralisieren, begann Niccolò Ammaniti mit der Arbeit an einem Roman. Zumindest fiktional reklamierte er die Unabhängigkeit von den elterlichen
105 Repressionen und beanspruchte das Recht auf sein individuelles Scheitern. Die akute Atemnot Ammanitis schlug sich vielleicht in der Lungenkrankheit seines Helden und im Titel
110 *Kiemen* nieder.

Ammaniti brachte sein Manuskript bei dem kleinen Verlag Ediesse unter und hängte das Biologiestudium endgültig an den Nagel. Ein Famili-
115 enzwist mit sechs Monaten Funkstille war die Folge. Inzwischen hat sich der Vater mit der Berufswahl Niccolòs arrangiert und sogar ein Buch mit ihm verfasst; *Nel nome del figlio*
120 (1993) heißt es bezeichnenderweise. Und immerhin: Eigentlich hat Niccolò Ammaniti den Beginn seiner literarischen Karriere den unorthodoxen Therapieformen des Vaters zu verdan-
125 ken. Der Machtkampf scheint sein kreatives Potenzial überhaupt erst ausgelöst zu haben. [...]

da: http://www.nzz.ch/aktuell/startseite/article-8WP6L-1.291021
Neue Züricher Zeitung, 18. August 2003

Faccia a faccia

Lezione 12

Persona A: Miss Italia 2012 Giusy Buscemi, appassionata di cinema, vuole diventare attrice. Studia presso la Scuola di Cinema dell'Actor's Planet.

Persona B: Lorella Zanardo, insieme con il suo team, porta nelle scuole di tutta Italia il progetto etico **Nuovi occhi per i media**, per educare insegnanti, genitori e ragazzi a una visione critica dei contenuti televisivi.

Giusy	Lorella
(Sei diventata Miss Italia. Perché hai partecipato?)	Du sagst Giusy, dass du sie wegen ihrer Teilnahme am Miss Italia-Wettbewerb ansprichst. Du fragst nach den Motiven für ihre Teilnahme.
Du antwortest Lorella, dass du den Wettbewerb 2012 mit 19 gewonnen hast. Du erzählst von deinem Traum, Schauspielerin zu werden, und dass du glaubst, Miss Italia biete jungen Frauen eine Gelegenheit, Arbeit zu finden.	(Sì, ho vinto il concorso nel 2012, avevo 19 anni. Il mio sogno è diventare attrice e credo che Miss Italia offra l'occasione di trovare lavoro a donne giovani.)
(Hai trovato lavoro? Hai firmato un contratto con un'agenzia?)	Du fragst Giusy, ob sie Arbeit gefunden hat und ob sie bei einer Agentur unter Vertrag steht.
Du erzählst, dass du den Miss Italia-Kalender 2013 gemacht hast. Du weist darauf hin, dass du wichtige Personen wie den Vorsitzenden des Senats oder den Fiat-Chef getroffen hast.	(Ho fatto il calendario 2013 di Miss Italia. Ho incontrato persone importanti come il presidente del senato o il leader della Fiat.)
(Il successo del concorso Miss Italia è enorme. Tutta la nazione lo guarda in TV! La leggenda mi fa innervosire: troppe ragazze si sottomettono all'ideale di bellezza corrente.)	Du unterstreichst den großen Erfolg des Miss Italia-Wettbewerbs. Die ganze Nation schaut ihn im Fernsehen! Dich macht die Legende nervös, weil sich deiner Meinung nach zu viele junge Mädchen dem gängigen Schönheitsideal unterwerfen.
Du entgegnest, dass, wer am Wettbewerb teilnimmt, sich der Tatsache bewusst ist, dass man die Menge erobern muss. Entscheidend ist die Wirkung auf die Leute. Du möchtest ihre Neugier anregen und nicht nur die Schlankste sein.	(Chi partecipa al concorso è cosciente che bisogna conquistare la folla. Determinante è l'effetto sulla gente. Vorrei ispirare la loro curiosità e non solo essere la più snella.)
(Per me il concorso è un'occasione di presentare il mio progetto. Vorrei mantenere la dignità della donna, che nei media troppo spesso viene resa oggetto.)	Du nutzt den Wettbewerb als Gelegenheit, dein Projekt vorzustellen. Du möchtest die Würde der Frau bewahren, die in den Medien zu oft zum Objekt wird.
Du fragst nach Lorellas Projekt.	(Di che cosa si tratta?)
(Vorrei modificare la sensibilità della moltitudine. Dunque sono in cerca di insegnanti interessati. Con il mio progetto "Nuovi occhi per i media" vado nelle scuole.)	Du erklärst, dass du die Sensibilität der Menge verändern möchtest. Daher bist du auf der Suche nach interessierten Lehrern. Du kommst mit deinem Projekt „Nuovi occhi per i media" in Schulen.
Du wünschst Lorella viel Glück!	(In bocca al lupo!)
(Crepi, grazie. Arrivederci!)	Du bedankst und verabschiedest dich.

settantanove

Lezione 13

Tra famiglia e ragazza

Ecco Saverio, commerciante di frutta e verdura, che racconta della situazione e dei suoi problemi come giovane. Mettete i verbi al congiuntivo imperfetto.

Partner A	Partner B
I miei genitori volevano che io (arbeiten) nella loro azienda agricola.	I miei genitori volevano che io lavorassi nella loro azienda agricola.
La mia ragazza d'allora, Marta, voleva invece che noi facessimo un altro lavoro.	La mia ragazza d'allora, Marta, voleva invece che noi (machen) un altro lavoro.
Lei sperava che noi (können) lasciare la miseria di quei tempi.	Lei sperava che noi potessimo lasciare la miseria di quei tempi.
Marta aveva anche l'idea che io dovessi cambiare aria e lasciare il nostro paese.	Marta aveva anche l'idea che io (müssen) cambiare aria e lasciare il nostro paese.
Mia madre invece credeva che Marta (wollen) distruggere la nostra famiglia.	Mia madre invece credeva che Marta volesse distruggere la nostra famiglia.
Non era bello che Marta e i miei genitori avessero opinioni così diverse.	Non era bello che Marta e i miei genitori (haben) opinioni così diverse.
A un certo punto Marta ed anche i miei genitori volevano che io (sich entscheiden).	A un certo punto Marta ed anche i miei genitori volevano che io mi decidessi.

Lezione 14

Se fossi ...

Partner A	Partner B
Se tu fossi meno simpatica .... nessuno parlerebbe con te.	nessuno (parlare) con te
(dormire/io) meglio	Se io non avessi visto quel film d'orrore avrei dormito meglio.
Se diventassi ricco ... comprerei una Ferrari rossa.	(comprare/io) una Ferrari rossa
(potere/tu) diventare Miss Italia	Se tu fossi più alta ... potresti diventare Miss Italia.
Se Anna fosse più gentile ... uscirei con lei più spesso.	(uscire/io) con lei più spesso
(divertirsi) un sacco	Se tu fossi venuto con Leon ... ti saresti divertito un sacco.
Se Claudia ha delle difficoltà ... l'aiuterò.	la (aiutare, io)
(fare/io) un film con Brad Pitt	Se io fossi un'attrice ... farei un film con Brad Pitt.